中国石化法律纠纷典型案例汇编

（2020）

中国石化企改和法律部　编

中国石化出版社

图书在版编目（CIP）数据

中国石化法律纠纷典型案例汇编. 2020 / 中国石化企改和法律部编. —北京：中国石化出版社，2020.12

ISBN 978-7-5114-6061-5

Ⅰ. ①中 Ⅱ. ①中… Ⅲ. ①石油化工企业–法律–案例–汇编–中国 Ⅳ. ① D922.292.5

中国版本图书馆 CIP 数据核字（2020）第 228882 号

中国石化出版社出版发行

地址：北京市东城区安定门外大街 58 号

邮编：100011 电话：（010）57512500

发行部电话：（010）57512575

http：//www. sinopec-press. com

E-mail：press@ sinopec. com

北京科信印刷有限公司印刷

*

710×1000 毫米 16 开本 18.25 印张 226 千字

2021 年 1 月第 1 版 2021 年 1 月第 1 次印刷

定价：58.00 元

编 写 组

组 长： 张志军

副组长： 柳 杨 刘向荣 余艳霞

成 员： 廉 明 徐 阳 王凌云 马继亮 姚天健 李江巍
李江洪 史 冰 韩莹石 黄智勇 孔卓然 荣 睿
王海健 张书明 刘佳妮 陈 岩 李承虎 唐小玲
雷 源 王建峰 何 亮 赖成武 张伟彤 姜 睿
郑欣欣 王坤龙 赵蔚蔚 赵炜表 孙晴霞 边 颖
周露晞 蒙 翼 程 功 高莉莎 陈红陵 王 峰
王维肖 刘 恬 陈启鸿 李红艳 冯婉萍 张才恩
吕卫东 江佳娜 邓有德 赵 鹏 唐 讯 邢 洁
莫瑞钦 姚艳山 黎宝泽 许丽荣 孙高群 高延浩
胡俊才 张彩玲 张书红

审 校： 张志军 刘向荣 姚天健

鸣　谢

胜利石油管理局

江汉石油管理局

东北石油局

华北石油局

西南石油局

管道储运公司

燕山石化公司

齐鲁分公司

茂名分公司

扬子石化公司

长岭分公司

广州分公司

天津石油分公司

河南石油分公司

广东石油分公司

广西石油分公司

海南石油分公司

四川石油分公司

重庆石油分公司

石油化工科学研究院

石油工程建设公司

胜利石油工程公司

华北石油工程公司

地球物理公司

炼化工程公司

洛阳工程公司

宁波工程公司

南京工程公司

第四建设公司

第五建设公司

第十建设公司

集团国勘公司

联合石化公司

国际事业公司

前　言

2020 年是我国全面建成小康社会决胜之年和“十三五”规划的收官之年，也是集团公司提质增效、深化改革攻坚之年。法律工作以习近平新时代中国特色社会主义思想为指引，认真贯彻落实习近平总书记关于国有企业、能源领域、石油石化行业重要论述和指示批示精神，全面落实党组决策部署。为落实集团公司领导对纠纷案件管理的要求，增强防范化解重大法律风险能力，提升法律纠纷管理工作水平，推进纠纷案件有效处置，做好疫情防控常态化下法律风险防控工作，特别编制本案例汇编。在本书编纂过程中，我们力求做到以下几点：

一是充分整合系统内法律资源，发挥集团优势指导纠纷案件处置。“法律的生命在于实践”，本书汇编了来自中国石化集团公司四大板块（油气和新能源板块、炼油和销售板块、化工材料板块、资本金融和支持板块）共 30 余家企事业单位近年来的典型案例，具有一定的代表性和典型性。部分案件处理过程中积累的宝贵经验和启示，对集团公司其他兄弟单位具有重要借鉴意义。

二是紧抓重点、热点和新类型案件。本书从法律风险防控中的重点案件类型着手，将案例细分为涉外纠纷类案件、建设工程类案件、安全环保类案件、知识产权类案件、贸易购销类案件、加油站网点发展类案件、劳动用工类案件、侵权责任类案件、其他类案件等九大类，便于企业了解掌握法律纠纷管理的重点、热点、难点，抓紧抓实高风险纠纷案件处置。

三是及时总结经验教训。通过案例编写中的启示体会，重点强调案件处置中的经验分享，并提出管理建议。通过及时总结经验教训，做到“举一反三”，从被动转为主动，指导企业全力做好纠纷案件管理“遏增量、减存量”，从而实现积案数量、涉案金额下降，确保全系统法律风险整体可防可控。

最后，由于本书编纂时间仓促，书中难免存在不足和瑕疵。我们诚挚地接受大家的批评指正，帮助我们更好地予以完善。

目 录

涉外纠纷类案件

建设工程类案件

贸易购销类案件

安全环保类案件

知识产权类案件

加油站网点发展类案件

劳动用工类案件

侵权责任类案件

其他类案件

涉外纠纷类案件

仲裁裁决被逆转　坚定撤裁维权益

——某涉外仲裁撤裁程序案

【摘要】 2017 年 6 月 30 日，中国国际经济贸易仲裁委员会（以下简称贸仲）裁决 S 公司向 UT 公司支付代理酬金、利息和其他费用。2017 年 7 月 24 日，S 公司向拥有管辖权的北京市第四人民法院（以下简称北京市四中院）提交了撤裁申请。2020 年 4 月 27 日，北京市四中院撤销了 2017 年裁决书，S 公司赢得了此案的重大胜利，避免经济损失约 1.98 亿元人民币。

一、基本案情

2005 年 3 月 4 日，S 公司与 UT 公司签订代理协议，委托 UT 公司作为代理人，协助 S 公司取得 K 国 P 公司股权及相关政府审批。8 月 15 日，C 公司中标该项目并于 10 月 26 日交割。S 公司多次与 C 公司磋商，希望受让 P 公司部分股权，但双方之间未达成任何协议。考虑到可能面临从 C 公司受让 P 公司股份而需要解决 K 国优先购买权和政府批准问题，S 公司与 UT 公司先后签署两份延期协议，将代理协议期限延长至 2008 年 12 月 31 日。2011 年 10 月和 2012 年 7 月 19 日，UT 公司先后两次发函要求 S 公司支付代理酬金。

S 公司未予支付。

2012 年 8 月 30 日，UT 公司向贸仲提起仲裁，要求 S 公司支付代理酬金及相关利息和其他费用。2013 年 12 月 30 日，贸仲做出裁决，驳回了 UT 公司全部仲裁请求。

2015 年 9 月 30 日，UT 公司又以基本相同的理由再次向贸仲申请仲裁，并获得贸仲受理。由于 UT 公司提供了错误的信息，贸仲向 S 公司邮寄《仲裁通知》等重要仲裁文书的第一收件人为前任法定代表人，由于特定原因无法拆阅信件，S 公司未收到上述重要法律文件。2016 年 8 月 2 日，仲裁庭在 S 公司未指定仲裁员且缺席的情况下开庭审理。得知情况后，8 月 17 日，S 公司向贸仲提出异议申请，要求重新送达文件、重新给予其选定仲裁员的期限并中止案件相关的仲裁程序。10 月 13 日，贸仲驳回 S 公司的异议申请。2017 年 6 月 30 日，贸仲做出裁决，认定 S 公司怠于追索 P 公司的股权或其他补偿，进而推定酬金支付条件成就，裁决 S 公司向 UT 公司支付代理酬金、利息和其他费用。

2017 年 7 月 24 日，S 公司向拥有管辖权的北京市四中院提交了撤裁申请。2017 年 11 月 9 日，本案开庭审理。经历了长达近 3 年的不懈努力，北京市四中院于 2020 年 4 月 27 日做出了撤销 2017 年裁决书的决定，S 公司获得重大胜利。

二、法律分析

UT 公司取得 2017 年裁决书后，就获得了向法院申请强制执行 S 公司财产的权利。撤裁程序是保护 S 公司利益的最后一道防线。撤裁程序不再审理实体问题，只审查仲裁的程序性问题，且审查标准日趋严格，在司法实践中生效仲裁裁决被法院撤销的可能性非常低。

本案主要争议焦点：一是本案送达程序是否违反了《仲裁规则》的规定，即S公司没有得到指定仲裁员或者进行仲裁程序的通知，或者存在由于其他不属于S公司负责的原因未能陈述意见的情形；二是本案仲裁是否违反了“一裁终局”的规定，即存在裁决事项不属于仲裁协议的范围或者仲裁机构无权仲裁的情形。

1. 关于送达问题

经审理，法院认为贸仲发送的仲裁文件，收发室均予以签章，回单显示妥投。按照《仲裁规则》规定，上述文件投递到S公司的住所地或营业地，即视为有效送达。S公司是否将上述文件当作退休人员的私人信件予以处理，是否实际查阅了文件，均不影响贸仲有效送达的法律效果。因此，法院裁定本案仲裁送达程序符合《仲裁规则》的规定。

2. 关于是否违反“一裁终局”问题

首先，法院裁定“一事不再理”属于程序事项；其次，从“当事人、争议标的和仲裁请求”三方面看，法院裁定两案属于“同一纠纷”；第三，法院裁定前案裁决后并未发生影响双方权利义务关系的“新事实”。基于以上理由，法院认定：“贸仲对同一纠纷进行了两次裁决的行为，违反了‘一裁终局’的法律制度”，因此“本案仲裁裁决应予撤销”，符合“裁决的事项不属于仲裁协议的范围或者仲裁机构无权仲裁的”情形。

三、启示体会

1. 合同管理

从法律层面分析，本案涉及的代理协议的酬金支付条件是S公司获得P公司股权。2005年8月15日C公司中标后，该代理协议已经无法履行，理应及时终止。即便是S公司为了考虑后续从C公司获取股权后解决政府优先购买权和政府审批而需要继续借助UT公司的力量，也应在终止原代理合同后，另行签订服务合同，合同的对价应商定为合理的服务费用，而绝非是风险代理的酬金。

2. 文档管理

在本案的审理过程中，UT公司提交的许多证据材料理应属于公司的内部材料，导致案件的处理增加了很大的难度。若公司员工不能提高法律意识和保密意识、随意对外披露内部文件，风险隐患仍将显现。

3. 未拆封的法律文书

收发室的规章制度和操作流程应进一步细化，不属于本单位及员工的信函应当立即拒收，收到来自法院、仲裁院、律师等重要文件应及时通知相关部门领取。公司员工应当及时拆阅信函和邮递文件，若员工长时间不能收取信函，则应根据确定的流程区私人和公务函件，将公务函件交相应部门拆阅。

千里走单骑　业主破产重组跨境仲裁案

——某公司破产工作小组跨境协调多法域团队协同处理破产资产重组仲裁案

【摘要】欧洲经济危机，A 国某项目业主深陷财务危机，突然对外宣布资产和债务重组。在 E 国宣布申请资产和债务重组，进入破产保护程序，但此时项目总体进度已达 88.64%。B 工程公司作为工程项目已近完工的 EPC 承包商，作为 B 国商业银行和保险公司数亿美元融资贷款和保险安排的申请人，作为代业主采购、与境内外数十家供应商签署合约的相对方，面临着 EPC 合同责任、违约责任及诉讼风险。为保障公司权益，B 工程公司迅速成立项目专项工作领导小组，下设法律应对协调小组和项目收尾处置协调小组，在专项工作领导小组的统一管理下，与各国法律工作团队密切沟通、协同工作，最终取得了不战而屈人之兵的胜利。

一、基本案情

欧洲的某大型化工集团 C 在 A 国某地新建一生产工厂，因涉及中国融资的关系，与 B 工程公司签约，B 工程公司作为 EPC 承包商，协助其在 A 国建厂，并帮助其取得在 B 国银行的项目融资。依据合同条款约定，本合同适用 A 国法律，但仲裁条款适用 S 国法律管辖。

项目前期进展顺利，C 在 B 工程公司的协助下，顺利取得了 B 国银行的项目融资。但时至 2017 年下半年，在项目总体进展到施工阶段时，却从新闻上传来了该集团被迫在欧洲申请进行资产重组的消息。与此同时，该集团所有在 A 国的业务和资产申请进入《A 国破产法》项下第 7 章的清算程序。

B 工程公司反应迅速，即刻在公司内部成立破产重组处理工作小组，负责境内外法律团队的协调和调动。迅速在破产案件最开始的黄金时间段抢占全球优势律师资源，组成涉及 A 国破产重组、E 国债权清算、S 国仲裁的多国团队，跨法域、协同开展工作。迅速拟订全球整体解决方案：首先在 A 国申请承包商留置权 5200 万美金；其次在 E 国申请参加资产和债务重组；与此同时，积极准备在 S 国的仲裁证人证言，持续观望，边打边谈，以打促谈。以最小的诉讼成本为公司撬动最大商业利益。2018 年初，经过各方团队的不断努力，A 国破产重组法院裁定 B 工程公司申请的留置权有效，这一裁决确立了 B 工程公司后期谈判地位。整体案件从“打”的阶段，转化节奏进入“谈”的状态。重组处理工作小组调整思路，重新布局，开始与新业主就具体赔偿金额开始博弈。与此同时，破产重组购买协议于 2018 年底开始生效。

在购买协议生效后，B 工程公司在 E 国和 A 国同步开展工作：一方面利用在 S 国仲裁准备的成果，在 A 国与资产接收方进行商业谈判，另一方面在 E 国参与资产重组程序。在长达数月的十几轮斡旋中，协调多国团队，处理多方利益，寻找共同的契合点，最终促成了各方与新业主的合作协议，并孕育了新的商机——为新业主完成工厂提供服务。既收获了数千万美金的赔偿款项，又获得了新的商业机会和 A 国市场。

二、法律分析

本案的主要矛盾是如何在复杂的多重法律框架下，既厘清 EPC 合同中各方的实体责任，又通过破产、仲裁等程序实现 B 工程公司的确权和维权，最大程度上减少经济损失。

考虑到本案牵扯案值巨大，涉及多法域管辖，诸多具体问题在普通法系下和在大陆法系下主流观点并不一致，值得玩味。

代理 B 工程公司的是欧华律师事务所，该所也是世界排名前十的国际大型律所，具有极高的专业素养，但涉及不同法域，参与工作的律师们对具体法律问题的解读也有明显的不同之处，会各自站在各自专业的角度上，与项目组就专业问题各抒己见，开展头脑风暴。更有甚者，具体法律条款在不同情景下的适用存在各种争议，不确定因素极多。大致列举如下：

（1）最有利于 B 工程公司的适用法律，选择法律应对的手段（诉讼？索赔？）和地点。

（2）EPC 合同和其他保护性条款在 A 国破产法律管辖下的有效性？

（3）B 工程公司总包商地位是否有效？是否有权申请留置权？对合同中抵触性条款有效性如何解读？

（4）A 国州法与联邦破产法的管辖权有何区别？

（5）Lien（留置权）的具体设置？

（6）合同执行期间设立的自贸区如何处置？

（7）B 工程公司自贸区内货物关税支付问题如何处置？

（8）A 国政府关于加税的行政命令对于案件的影响等。

本案因为整体破产的业主集团的主要涉案资产地点在 A 国，B 工程公司求偿部分也与 A 国资产联系最为紧密，所以在综合考虑欧华 A 国律师的专业意见后，B 工程公司决定首先在 A 国求偿，参加 A 国的破产清算程序。这一项决定奠定了最终求偿成功的基础。

在成功确权后与资产接收方关于具体偿付金额的谈判中，B 工程公司以各种项目执行文件为支持，明确列出具体发生的分项费用和预计关税等费用。最后 B 工程公司声明要采取在 S 国采取仲裁等手段，迫使接收方坐下来谈判并成功与 B 工程公司和解。

三、启示体会

在本案中，B 工程公司管理层和项目组危机处理的速度是本案制胜的关键。B 工程公司在第一时间果断设立专项工作领导小组，下设法律应对协调小组和项目收尾处置协调小组，在专项工作领导小组的统一管理下，两个小组密切沟通、协同工作，每周以周报的形式将项目最新进展、动态、工作计划和方案向专项工作领导小组报告，并根据项目进展向公司办公会报告重大节点决策事项。

尽管 B 工程公司聘用了经验丰富的律师团队，但是因为案件自身在地域上、法律上的复杂性，律师们会从自己最熟悉的角度和自身经验出发解释案件，这就要求 B 工程公司项目组时刻保持冷静和警醒，始终站在专业的角度，把握主要矛盾，有效地控制和管理好律师团队。

与此同时，在项目执行阶段，良好的文档控制和过程管理，对于最终的谈判都起到了支持证据的作用。在项目执行中，认真做好证据文件的收集整理工作，对于案件最终的成功意义重大。

客户拖欠货款六年　一朝法律维权获赔

——某公司螺纹钢销售合同欠款纠纷案

【摘要】2012年，中国S公司设于美国的全资子公司N公司，与W国国家石油公司A公司下属全资子公司B公司签订了一份螺纹钢销售合同。后因B公司无故拖欠货款，N公司多次与A、B公司谈判、协商、催款未果。2017年，诉讼时效届满前夕，N公司针对A、B公司及关联公司启动了法律维权程序：向荷兰法院申请冻结在荷兰的银行账户；向ICC提起仲裁；向美国德州法院提起诉讼。2017年底，迫于法律手段和舆论的压力，A公司主动提出和解，偿还了全部欠款。本案历时6年，最终以N公司维权胜利而告终。

一、基本案情

2012年5月15日，N公司竞标获得A公司投资建设的住房项目下4.5万吨螺纹钢订单。订单买方为B公司，最终用户为D公司。订单金额4347万美元，交货期为2012年7月15日。付款方式为订单生效后15天由B公司向N公司电汇50%预付款，50%余款在收到提单后30天内支付。N公司于2012年6月19日向B公司的代理C公司发送了接受订单确认函，订单生效。

订单执行过程中，B公司未按期支付预付款，订单履行被迫暂停，N公司被迫与生产商解除采购合同赔偿其损失。后经过艰苦谈判，B

公司同意继续履行订单，并支付了50%预付款，N公司又向新的生产商订购了螺纹钢。2013年11月至12月，螺纹钢制造完毕，出厂检验合格，货物运送W国后，D公司也对螺纹钢进行了验收。但B公司又拒绝支付尾款。N公司通过各种方式催款。但是谈判迟迟没有进展，对A、B公司及关联公司的诉讼时效即将届满。为全力追回损失，N公司于2017年11月上旬向荷兰法院申请冻结A、B、C和D公司在荷兰的银行账户，荷兰法院支持冻结了B公司和D公司的财产；11月下旬向ICC对A、B、C和D公司提起仲裁，同时向美国德州南部地区法院对A、B和D公司提起诉讼。A公司迫于压力主动和解，于2017年12月15日和2018年1月16日分两次清偿了欠款。

二、法律分析

本案违约事实较为清晰，重点法律问题为仲裁和诉讼的法律策略安排、管辖权确定和执行可能性。

（一）仲裁管辖权

荷兰合同法中，合同对当事方产生约束力的前提与中国法类似，即当事方需通过明确的语言或行为表达接受合同约束。

1. A公司

证据显示，A公司大量参与订单的履行，表现为：在提单、保险单等运输文件中被记载为收货人和受益人；订单的通用条款中被记载为免责主体（通用条款是A公司制定的格式条款）；N公司多次向A公司索款，A公司从未异议，并承认其对N公司欠款的事实和金额；向N公司提出了债券偿还解决方案。其次，B公司的付款流程中，必须经A公司审批，N公司开出的预付款发票，系由A公司直接支付。因此，A公司的履约行为，表达了接受合同约束的意愿。

2. C公司

C公司的身份在订单中已明确为B公司代理。根据荷兰代理法，代理人的行为由委托人承担法律责任，因此，如果按照代理关系，一般无法追究C公司违约责任。但N公司2012年6月19日签署的接受订单确认函，是直接发送给C公司的，N公司有理由期待C公司也是订单的买方。因此，基于公平合理、善意或者统一原则，C公司应受仲裁管辖条款约束。

3. D公司

D公司委托B公司采购螺纹钢，B公司以自己的名义向N公司采购，D公司大量参与了订单的执行，表现为：对货物进行验收、要求将未付发票开为D公司、确认预付款支付。2013年底，D公司告知N公司，B公司不再涉及此业务，由其亲自处理与该订单相关的所有事宜。D公司的行为已构成“通过履约行为表达了接受合同约束的意愿”，应当根据订单的仲裁条款，接受ICC仲裁管辖。

综上所述，A、B、C和D公司分别以签署或行为的方式，同意接受合同约束，因此订单约定的仲裁条款对上述4家公司均适用。

（二）诉讼管辖权

1. 荷兰法院

荷兰民事诉讼程序法律规定，荷兰法院自动对诉前保全主体（申请人和被申请人）享有管辖权。财产保全后，N公司须启动诉讼或仲裁程序。如仲裁庭裁决被申请人有支付义务，荷兰法院会将被冻结账户的款项划转给申请人。此外，由于账户被查封，将对A公司在欧洲的采购业务产生重大影响，向A公司施加还款压力。

2. 美国法院

（1）管辖权依据。美国法院对上述公司有管辖权，必须同时满足对事管辖和对人管辖。由于N公司是美国公司，其他3家公司是外国公司，涉案标的大于75000美元，根据联邦法院和州法院的级别管辖，应由德州地区法院管辖。且根据德州程序法，当传票送达至A、B和D公司时，无论N公司是否撤诉，诉讼时效中断，也能为N公司解决纠纷争取了时间。

（2）法律责任依据。N公司在诉状中既主张3家公司违约，也从欺诈、不当得利等方面提出了侵权的观点。此举并非N公司对法律关系把握不当，而是运用了诉讼技巧，希望法院能在裁定有管辖权后，再对诉由进行完善或变更。

（三）执行问题

A公司，国家石油公司，住所为A国首都。在美国有大量资产，偿债能力极强。C公司，B公司的采购代理，住所为荷兰海牙，可查询到的信息显示年营业收入约6500万美元，具有较强偿债能力。D公司，最终用户，住所为A国首都。在荷兰和美国有资产和往来账款，有一定偿债能力。无论是N公司以A、C和D公司为被申请人提起仲裁还是以其为被告在荷兰或美国起诉，胜诉裁决或判决被执行的可能性大大增加。

三、启示体会

（1）妥善选择合作伙伴，从源头防控客户违约风险。利用中介机构信息资源，在交易前开展客户资信调查，从基本信息、经营情况、财务状况、经营、司法风险、资信评级等维度全面分析交易对手状况，根据调查内容和评级分级评估业务风险。

（2）完善以销定购业务模式下责任安排。N公司采购合同违约的经济责任主要是赔偿供应商为准备货物而产生的，包括但不限于原材料采购、其他生产成本、租船订舱以及预期利润等损失。在开展此类业务时，首选收到客户全部款项后，再与供应商签署采购合同。如为锁定价格，在收到客户款项前需签署采购合同，应在采购合同中增加责任承担条款。

（3）合理运用诉讼策略。针对涉外法律纠纷，应当深入分析适用法律和国际公约，找准案件突破口，厘清各法律主体之间的关系，突破合同争议解决条款的限制，灵活运用管辖，寻求最有利的法律手段维权。仲裁、诉讼、保全等手段多管齐下，一方面增加了维权胜利的概率，另一方面加大了对 A 公司施压的力度。

（4）坚持合同相对性原则，集团公司或关联公司介入有度。A、C 和 D 公司本非合同相对方，但因介入商务谈判、付款、验收、发货、付款和等环节并对外承诺，被 N 公司抓住机会，拉入到仲裁和多重诉讼中。A、C 和 D 公司没有做到“不该管的不管”，引致承担法律责任风险。我们应引以为戒，举一反三，避免对下属公司“不该管的管”“该管的没管”，引发关联公司法律责任上移的风险。

本案由于 A 公司主动偿还欠款，N 公司撤销了对 4 家公司相关的保全申请、仲裁和起诉。因此，对于 A、C 和 D 公司是否受仲裁条款约束，以及美国和荷兰法院是否有管辖权没有定论。但对于 N 公司来说，这仍不失为利用法律手段化解合同僵局的有益尝试和练兵。

业务流程风控缺位　争议升级损失难挽

——某海外石油作业公司合同争议败诉案

【摘要】G 公司于 2010 年在当地法院对 N 公司（后整合为 A 公司）提起诉讼，主要争议在于 N 公司以工程质量问题拒绝向 G 公司支付剩余工程款，而 G 公司认为已经取得必要的完工证明，N 公司的行为违反了合同。2020 年 1 月，N 公司 /A 公司二审败诉。2020 年 3 月，双方就最终支付金额达成和解。

一、基本案情

由于油田建设需要，N 公司（2014 年整合为 A 公司）与 G 公司在 2010 年签订了道路维修协议。工程完工后，N 公司在验收中发现 G 公司未能按照合同要求完成施工，且工程存在质量问题，因此拒绝向 G 公司支付剩余工程款。G 公司则认为，其已经取得了 N 公司认可工程完工的签字，且工程款发票发至 N 公司后一直没有得到 N 公司的任何答复，因此推断 N 公司对发票没有异议。

2010 年，G 公司在当地法院对 N 公司提起诉讼，要求 N 公司支付未付工程款、法律诉讼费和一般损失。2013 年 4 月 7 日，N 公司一审败诉。2014 年 N 公司整合为 A 公司后，法院要求 A 公司继续执行一审判决。A 公司不服法院要求其继续执行一审判决的裁定，以主体不适格为由向法院提起申诉，然而法院在 2015 年 5 月驳回了

A 公司的申诉，A 公司只能继续应诉，并在上诉期内向上诉法院提起了上诉。

2020 年 1 月，上诉法院支持了一审判决，但对赔偿金额进行了下调，并要求 A 公司承担从 2013 年至今的利息。

在一审、二审均败诉的局面下，A 公司办案人员认识到事实证据对我方不利，继续上诉胜率不高。最终，A 公司接受了二审败诉的结果，同时为降低赔偿金额与 G 公司进行了谈判，一定程度上降低了最终赔偿金额。

二、法律分析

本案第一个争议焦点是 G 公司主张的“工程验收合格”是否成立。根据双方合同约定，G 公司只有在取得 N 公司对工程质量验收合格后，才能获得剩余工程款。G 公司出示了由 N 公司运输管理人员签署的工程量完成确认书，根据确认书进一步主张 N 公司应支付剩余工程款。N 公司则认为该运输管理人员无权签署确认书，工程质量验收证明无效。

双方在合同中并没有明确约定工程合格确认书应由哪方签署方能生效。G 公司认为其遵循了必要的签字确认环节，签字人是否有权签署是 N 公司内部的授权管理流程，G 公司没有义务对签字人是否有权签署进行超过合理范围的甄别。此外，A 公司在接手本案后发现，工程完工时 N 公司没有聘请第三方进行验收评估，项目在完工后十年间不断遭受雨水冲刷且缺乏维护，已经无法进行追溯评估，对工程质量不合格的举证十分困难。

本案第二个争议焦点是 N 公司是否默认同意支付。G 公司向 N 公司提交了付款发票，但 N 公司财务部门对有争议的发票采取了消极的对待方式，既没有明确支付，也没有与 G 公司书面沟通拒付理由，仅仅是拖延支付。

在N公司与G公司过往支付中，N公司的习惯做法是对无异议发票直接支付，对拒付项目明示拒付。因此，G公司认为N公司对工程尾款发票的沉默处理是对同意支付的默认。A公司在接手本案后，仔细查阅了N公司的历史资料，但没有找到其与G公司就拒付原因进行商谈的任何证据。

法院的最终判决支持了G公司的上述两项主张。

三、启示体会

从案件事实上来看，本案的合同纠纷追根溯源，是由项目管理漏洞和财务管理漏洞引发的，说明法律风险防控不仅仅在于法律部门，更在于业务部门。只有公司整体的法治意识提升了，在开展业务的同时抓好风险防控，才能从根本上遏制法律纠纷的产生。

从办案技巧上来看，A公司律师在面对历史信息缺失等不利局面下，选择先提出主体不适格，一方面争取尽快从本案中免责，另一方面为整理证据争取了时间。此外，在二审败诉后分析了继续上诉的必要性，采取了及时止损的措施。

因此建议，第一要加强对各业务流程风险点的梳理与防控；第二对重要文件要流转有序，树立证据意识；第三要利用程序创造机会，把握局势及时止损。

联合投标世界银行项目
投标文件合规性要提高

——某石油工程公司甲应对世行制裁风险案

【摘要】2019 年 6 月，某石油工程公司甲接到石化系统外某国有企业乙的通知，称双方组成的联合体被世界银行（以下简称世行）指控在投标非洲某国地热井的项目中涉嫌业绩“欺诈”和“共谋”，要求乙在指定期限内对指控进行澄清。乙单独聘请律所应对并在澄清中申明，指控的业绩“欺诈”和“共谋”是由甲公司负责编制投标文件引起的。甲作为联合体投标方之一有被世界银行制裁的风险，目前案件正在办理中。

一、基本案情

2018 年 5 月，某石油工程公司甲与国内的乙公司组成联合体投标非洲某国地热井项目。根据双方签订的联合体协议，乙公司是联合体的领导方并负责编制标书中的物资供应部分，甲公司负责编制标书中钻井服务部分。甲公司在钻井服务标书编制中，使用了同属一个母公司的“姐妹”丁公司的空气钻项目业绩。2018 年末该项目开标，甲乙联合体未中标。

2019 年 5 月，乙公司收到世行廉政局发函，指控联合体在该项目投标中存在违反世行集团《世界银行采购指南》的以下行为：一是空气钻项目业绩存在造假的“欺诈”嫌疑。二是投标文件中空气钻项目业绩描述同另一国内投标人丙公司的描述完全一致，有“共谋”嫌疑。世行要求乙公司做出澄清，否则将启动制裁程序。

乙公司单独聘请了某国际律所处理此事，并在向世行的澄清中否认其存在世行指控的“欺诈”和“共谋”行为，申明：根据联合体协议的分工有关钻井服务方面的标书由甲公司编写和提供，乙公司没有参与钻井服务标书的编制工作，在开标前也没有与丙公司接触过。甲公司积极与乙公司保持沟通、了解事态进展。得知乙公司的澄清内容后及时采取措施，拟聘请有相关经验的国际律所合作积极主动地化解被制裁风险。

二、法律分析

世界银行为确保受托管理的资金用于指定用途，建立了一套包括实体规则和程序规则在内的制裁规则体系，对在其资助的项目中实施欺诈或腐败等行为的公司或者个人进行制裁。上述规则虽非真正意义上的法律，世行的制裁也并非传统的司法裁决，然而却属于合规范畴，贯穿世行评价行为性质、开展调查、做出制裁、评估企业合规体系等全过程。世界银行集团的重要影响力和国际地位，使得企业只要参与世行资助的项目，就必然受到世行制裁规则的约束。

甲乙公司组成的联合体，被世行指控在投标其资助的项目中涉嫌“欺诈”和“共谋”，那么需要了解世行的相关规定，从而结合联合体投标中的行为分析是否构成指控以及构成指控之后的结果。

（一）世行关于“欺诈”和“共谋”的规定

根据《世界银行采购指南》中的规定，“欺诈行为”是指任何作为或不作为，包括失实陈述，即明知或不顾实情误导，或企图误导一方以获得财务或其他利益或者避免义务。“共谋行为”，是双方或多方之间的安排，图谋达到不正当目的，包括不当地影响另一方的行为。

（二）联合体在投标中行为的性质分析

由于空气钻技术为甲的“姐妹”公司丁的特色技术，甲原计划如果中标则将该部分工作量分包给丁，因此甲在投标书编制中使用了“姐妹”公司丁提供的空气钻业绩。该部分工作量仅占整个钻井服务项目非常小的比例，这种做法在国内投标的话一般不会受到处罚。但是在世行看来这种做法违反了《世界银行采购指南》的规定，甲丁虽然是同一家母公司下的“姐妹”公司，但在法律上却是两个独立的法人实体，甲将丁的业绩作为己方的业绩描述构成“欺诈”，即明知或不顾实情误导或企图误导招标方以获得项目中标。近年来，中国公司因在投标中存在虚假陈述，被世行认定构成“欺诈”进行制裁的案例逐年增多。

甲与丙在投标文件中关于空气钻项目业绩的描述完全一致，均为公司丁的业绩资料，被世行指控涉嫌“共谋”。甲需要举证证明该部分业绩的出处和来源，否认与丙公司之间存在共同故意，不构成共谋。

虽然涉嫌“欺诈”和“共谋”的指控是由甲公司在标书编制中引起的，甲方可能会受到世行的制裁，但是乙公司作为联合体的领导方，依然有可能受到世行的制裁。

（三）未中标是否会被制裁

根据世行制裁规则，所有参与世行项目的企业及其代理人都可能落入制裁之列。具体包括以下 7 类主体：①世行融资合同的投标人；②直接采购合同和世行融资合同的供应商；③承包商及其代理人；④分包商；⑤顾问和子顾问；⑥服务提供商；⑦贷款收益的任何接受者及其代表。

甲公司与乙公司组成的联合体虽然没有中标，但是投标参与了世行出资的非洲某国地热井项目，按照规定就要受到世行制裁规则的约束。

（四）被制裁的后果

因被指控的“欺诈”和“共谋”行为是因甲公司负责编制和提供的处投标文件引起的，世行很有可能对甲公司进行制裁。制裁结果包括：①一定期限内禁止参与世行的投资项目；②超过一年期的制裁决定，可能引起其他多边银行的联合制裁；③企业声誉受损，影响与政府、其他大型企业的商业合作。某些政府拒绝正被世行制裁企业参与项目投标，或在评标过程中将该类企业予以排除。而对于大部分已经建立了完善合规体系的企业来说，通常将被列入黑名单者界定为合规风险较高的企业，需要经过内部特别审批程序才能建立合作关系，这无疑将减损被制裁企业的商业机遇。

三、启示体会

近年来，中国企业借力“一带一路”倡议，参与了“一带一路”沿线国家大量建设工程项目，其中不乏世界银行集团、亚洲开发银行等机构资助的项目。但许多中国企业遭遇世界银行等机构的制裁或者多边金融机构的联合制裁，蒙受了较大的经济和声誉损失。究其原因在于很多中国企业对合规管理重视不够，在参与国际项目中依然按照老的习惯和做法参与国际竞争，没有积极融入国际规则。

因此，企业加强合规管理显得尤为重要。

加强合规管理首要进行合规体系建设，从管理源头上防控合规风险。世界银行作为经济全球化的重要推动者和全球腐败治理的重要参与者，在合规领域积累了丰富经验，可供国内企业借鉴。同时，国内企业在建设全面合规体系的过程中，还应根据自身性质，力求与《企业境外经营合规管理指引》《中央企业合规管理指引（试行）》以及《中国石化集团有限公司诚信合规管理手册》等国内规定相融合，在“走出去”的实践中构建既符合国际先进实践，又符合国内制度的全面合规体系。

涉美经营合规至上　积极应对严控风险

——G公司在美被要求协助执行案件

【摘要】2020年2月，G美国公司收到美国哥伦比亚特区联邦法院传票，要求其协助执行500余名美国原告诉S政府侵权案，并于3月11日前向原告代理律所披露与S政府及其控制机构、相关金融机构有关交易的文件、信息或实物。经过与原告代理律所积极沟通配合，审慎核实相关信息，在中美贸易摩擦背景下有效控制事件风险进一步升级，圆满解决协助执行事件。

一、基本案情

1998年，美国驻坦桑尼亚首都达累斯萨拉姆的大使馆和肯尼亚首都内罗毕的大使馆遭遇汽车炸弹袭击。随后，受害人及家属向美国联邦法院提起民事诉讼。2014年7月，美国联邦法院判决被告S政府对案件565位原告承担约100亿美金的连带赔偿责任。2016年4月，因被告在美国无可执行财产，美国联邦法院裁定原告可以任何法律允许的方式执行该判决。2018年1月12日，美国联邦法院裁定将该判决在全国登记，各州均有同等执行效力。因原告代理律所称被告曾获得过G美国公司提供的服务，故法院要求G美国公司及分支机构、G美国公司控股的金融机构及关联公司协助披露与S政府及其控制的机构以及相关金融机构的直接交易、协助、资金支持、既往调查、信息掌握等内容。

G美国公司收到传票后，立即安排美国律师了解情况，并与对方律所沟通，将原定信息披露期限延长60天，为内部排查争取有利时间。集团公司立即向驻美机构联系确认是否有其他单位收到传票，并提醒相关涉外经营单位密切关注。集团公司与G公司成立专案组，及时通报工作进展，全面分析评估案件情况，研究制定应对措施。按照原告代理律所提供的与S政府有关联的79家公司及金融机构名单，经过仔细排查，G美国公司及分支机构未与该79家公司及金融机构有过业务或资金往来，并按照约定时间及时反馈，截至目前未收到异议反馈。

二、法律分析

司法协助原则上属于所在地企业的常规协助义务，主要目的是寻找可供法院执行的被告的财产和财产线索。G公司系在美注册企业，因此不属于长臂管辖范畴，但因涉及披露经营信息，可能叠加交易合规风险，因此应在审慎分析司法协助范围且全面排查合规风险的基础上，积极履行司法协助义务。本案的核心是对“关联公司”的解释，在美国类似司法协助调查中，关联公司应做限缩解释，具体到本案，关联公司不应包括G美国公司的母公司及兄弟公司。故本案先以G美国公司及其分支机构为调查和披露主体，并密切关注原告代理人调查的情况，随时应对可能扩大调查范围的风险。

鉴于中美经贸摩擦敏感时期，且该案属于针对外国政府判决的特例，存在以下法律风险：一是如果G美国公司与被告存在相关合法交易，但被告交易支付的资金来源不合法或存在欺诈，法院可能对相关交易的获益实施扣押；二是如果双方交易行为违反美国制裁及出口管制相关要求，可能叠加交易合规风险；三是由于美国法项下传票送达无时限，在相关司法协助目的未实现前，均应持续警惕相关法律风险；四是由于被告身份敏感，存在其他潜在的可能扩大调查主体范围至其他关联公司的风险。

三、启示体会

（1）涉美经营应注意合规风险。本案虽然是履行普通司法协助执行义务，但涉及信息披露主体范围和内容方面的不确定性，可能引发次生合规风险。当前中国企业在其他国家或地区运营子公司等投资实体所面临的海外运营合规管理问题日益严峻。尤其是涉美经营业务，因美国是世界公认的法制较为发达的国家，在美经营面临企业治理、信息申报及财务审计、税务、出口管制、反腐败、竞争法以及反洗钱等领域的各项合规义务。涉美经营企业应根据相关法律要求，建立全面严密的跨境合规制度体系，完善企业合规管理治理结构，提高风险识别能力，有效建立“防火墙”，充分做好应对各类风险的准备。

（2）通过积极沟通，全力维护我方利益。中资企业面临相关调查或者协助义务时，往往容易因为对相关法律义务及带来的后果不了解，怠于履行或者配合，进而引发负面结果。因此，涉外经营单位应加强与专业机构的合作，采取积极应对态度，充分利用法律赋予的各项权利，主动沟通协调，争取最有利结果。

（3）强化内部沟通，从集团整体利益角度进行应对。相关事件发生后，应立即履行内部汇报程序，及时提醒其他兄弟企业注意，做好整体防范应对准备。应对方案及措施应从集团公司整体利益考虑，经过全面、充分论证，尤其涉及对外信息披露，范围和口径应严格履行报批程序，确保合规合法，避免在当前及今后对外贸易摩擦升级的背景下产生次生合规风险。

历尽艰辛维权路　巨额税款终得返

——A 公司海外某项目税务审计案

【摘要】 2019 年 4 月初，H 国最高法院司法监督委员会对 A 公司诉 H 国财政部国家收入委员会一案做出终审判决，判决支持 A 公司全部诉讼请求，认定 H 国财政部国家收入委员会下属国家收入厅 2017 年 6 月 29 日第 51 号检查报告违法并予以撤销，同时撤销本案一审、二审判决。至此，这起历时近 2 年的行政诉讼案件，以 A 公司取得胜诉结案，为今后处理类似税务稽查案件、防范化解境外重大法律风险、海外合规经营等积累了丰富经验。

一、案情简介

2016 年 2 月至 2017 年 6 月间，H 国财政部某州税务局对 A 公司 2013 年至 2015 年的纳税申报情况进行了两轮税务检查，并做出 51 号税务检查报告。报告认为，A 公司在 2013 年至 2015 年间瞒报销售收入，应补充计提增值税 159520226 坚戈，补缴所得税 747758895 坚戈，扣除正常应缴纳部分后，合计约 890074711 坚戈。同时，另需缴纳滞纳金 10917247 坚戈，罚款 373879448 坚戈。

A 公司认为该检查报告和处罚决定存在严重事实错误，违反了 H 国税法和国际会计准则，并立即采取措施积极应对。经研究，为减少损失，A 公司先暂时缴纳了税款合计 516195263 坚戈，同时积极进行申诉。经过申诉，某州税务局免除了对 A 公司的罚款 373879448 坚戈，避免了损失约 787 万元人民币（按当时汇率 47.53 折算）。

2017 年 11 月，A 公司向 H 国财政部提起行政复议，要求撤销 51 号税务检查报告，返还暂时缴纳的税款。2018 年 2 月，H 国财政部驳回了 A 公司的复议申请。A 公司经认真研究 H 国相关法律及纳税申报情况，认为税务部门检查结论存在重复计算收入和多计收入、少计汇兑损益及成本等情况。2018 年 5 月 10 日，A 公司向 H 国某州跨区经济法院提起行政诉讼，申请撤销第 51 号税务检查报告，并返还加征的税款和滞纳金。

2018 年 6 月 5 日，H 国某州跨区经济法院下达判决，驳回了 A 公司的诉讼请求。为维护自身合法权益，A 公司提起上诉。2018 年 8 月 27 日，H 国某州法院民事和行政案件上诉司法委员会做出判决，维持一审判决。经历两审败诉后，A 公司坚持以法律手段维权，以一审、二审判决适用法律不当为由，于 2018 年 12 月向 H 国最高法院提起再审申请，请求撤销一审和二审判决，对案件重新审理并支持其全部诉讼请求。2019 年 4 月 2 日，H 国最高法院经过开庭审理后直接改判，判决支持了 A 公司的全部诉讼请求，确认第 51 号检查报告违法，确认一审、二审判决适用法律不当并予以撤销，判决退还 A 公司所得税 452337711 坚戈、滞纳金 16004807.6 坚戈；返还诉讼费 6437077 坚戈，合计金额 474779595.6 坚戈。取得终审判决后，A 公司主动协调某州税务局执行，至 2019 年 6 月终于收回全部胜诉款项，挽回损失约 999 万元人民币（按当时汇率 47.53 折算）。

历时近两年，A 公司税务审计行政诉讼案终于胜诉结案，挽回所得税、滞纳金、诉讼费用等直接经济损失约 999 万元人民币，通过采取妥善应对措施避免损失约 787 万元人民币，维护了企业在国际化经营中依法合规、诚信经营的良好形象。

二、法律分析

1. 程序违法，判决被撤销

根据 H 国《民事诉讼法》第 72 条第 2 款，对国家权力机关的决定、作为（不作为）提出诉讼的案件，举证责任由被起诉的国家权力机关承担。本案一审法院作出判决的依据仅是某州税务局的检查结论，且提出 A 公司未提供有说服力的证据证明检查结论违法，该种行为违反了 H 国《民事诉讼法》第 226 条关于判决书应阐明不采纳某些证据的依据的规定。上诉法院无视一审法院对程序法的严重违反，理应一并被撤销。

2. 实体违法，检查报告被否决

某州税务局基于税务报表进行检查，得出结论认为 A 公司瞒报收入，应加算年度收入、长期合同收入等。根据 H 国《税法典》第 56、59 条，为确定税务报表的真实性、纳税人税费额计算是否正确，应对纳税人的税务核算和核算文件进行检查。《税法典》第 637 条第 1 款第（1）小节规定，税务检查报告要详细说明纳税人税务违法违规的情况。A 公司在税务检查过程中提供了检查阶段的全部原始会计文件和原始财务文件，但某州税务局并未对该文件进行检查。第 51 号检查报告中，也缺乏对认定 A 公司税务违法违规情况的详细描述。

三、案件启示

1. 加强所在国法律政策研究和法律风险防控

企业走出去，参与国际竞争，必须要全面加强境外重大法律风险防控，通过研究所在国的法律环境、聘请优质中介机构、借助国家相关管理部门、借鉴兄弟企业的经验和教训等途径，有重点、有针对性地识别法律合规风险，建立健全境外法律风险防控体系，对法律合规风险进行全方位、全过程管理。

2. 加强国际化经营依法合规管理

加强各类业务的规范性运作，通过聘用和培养高素质的税务、法律人才，引入熟悉当地法律法规和业务规范的中介机构，积极与当地政府部门沟通协调，定期开展内审、外审、自查纠偏等，确保业务运作合法合规，有效应对当地政府部门的各种检查，从源头上防范化解国际化经营风险。

3. 坚定维权信念

企业国际化经营一方面要加强自身依法合规管理，另一方面要增强维权意识。加强所在国营商环境分析研究，遭遇不公正处罚、待遇时，在自身有理有据时，要积极寻求法律途径维权的渠道，不因一时的挫折而放弃，坚定信念维护自身的合法权益和企业形象。

胜诉裁决来之不易　攻坚克难有效执行

——某海外公司房屋购买合同争议和胜诉裁决执行案例

【摘要】G公司的海外分公司因其房屋购买合同中记载的面积与房产证中记载的面积存在实质性差异，与房地产商产生争议并提交仲裁。G公司在获取胜诉裁决后，房地产商拒绝赔付并提起撤裁程序，G公司历时2年攻坚克难，一一化解胜诉裁决执行难的掣肘。

一、基本案情

2007年，G公司的海外分公司按照公司相关程序通过中介与当地房地产商签订了办公室买卖合同。2011年，该海外分公司收到房产局签发的房产证，其中记载的办公室面积小于购房合同约定的面积，由于房管局和房地产商所用测量方法不同，总面积差异达14.73%。

G公司向房地产商正式提出返还超付款项及相关赔偿，但未得到对方的任何回应。2016年12月14日，G公司向迪拜国际仲裁中心递交了仲裁申请。仲裁庭于2017年12月29日做出裁决，支持G公司大部分仲裁主张，包括超付购房款、超付物业费和水电费、全额律师费共计12812977.20迪拉姆（约2453.17万元人民币）以及按9%的年利率支付利息。

2018年3月，房地产商拒绝执行G公司的胜诉裁决，并向迪拜法院提起撤裁程序。此后，历时 1 年半的时间，G 公司通过撤裁程序抗辩、先期保全程序以及承认和执行仲裁裁决 3 项平行的法律程序，数次经历一审、二审和再审程序，成功索赔 11433613.31 迪拉姆（约 2189.08 万元人民币）并回款到账。

二、法律分析

本案事实清楚，根据合同卖方应当赔偿买方面积差价格、多付的中介费、登记费和服务费，以及仲裁和诉讼发生的程序费、律师费等法律费用。但因该房地产商在迪拜的经济背景和社会影响力，案件程序盘根错节、互相牵制、百转千回。

在本案的审理过程中，阿联酋法律能赋予当事方的权利和救济与英美法律体系下的截然不同，如并不支持获胜一方主张律师费用，保全和执行程序中也要由主案审理法院对利息做出明确的金额裁判，否则将不予执行。此外，本案的承办团队也遇到了阿联酋法律变更带来了挑战，面对法院对新法的解读和适用错误而导致驳回上诉申请的结果，曲径迂回、顺势而为，最终获得上诉法院的胜诉判决。本案的胜利离不开内外部律师团队的精心筹谋、协同配合和锲而不舍。

三、案件启示

通过对本案的处理和思考，在公司管理提升方面建议如下：

（1）对于我方的合同权利要依据合同坚决主张和维护，聘用合格有经验的外部法律顾问。

（2）签订房屋购买合同时，如果产权证照获取需要较长时间的，可在合同中约定：①合同中所记载的房屋面积与行政部门颁发的产权证照中记载的房屋面积不一致且大于产权证照记载面积的，以后者为准；②如发生前述情形，房地产商应当尽快退回超出部分已付款项并赔偿相关损失，包括但不限于超付的购房款、物业费、水电费、中介费、登记费、服务费、第三方测量评估费用、第三方顾问费用和相关法律程序费用等，并根据实际情况明确相关期限；③适当比例的部分尾款在房产证照办理完成后支付。

（3）积极有效利用法律手段，维护公司合法利益。面对案件阶段性程序败诉或不利局面时，合理分析双方的法律立场和案件形势，不冒进也不轻言放弃。

合同条款需谨慎　甲方指令不可少

——某石油工程公司境外工程欠款纠纷案

【摘要】A 石油工程公司在开拓某国家非油气市场过程中，与国内 T 公司在当地的分公司签订了工程承包合同。后因工作量变化，双方又签订了补充协议。A 石油工程公司依约完成全部合同义务，T 公司在支付大部分款项时一直以各种理由拖欠剩余工程款。多次催要无果后，A 石油工程公司提起仲裁。由于合同条款约定与实际施工存在偏差、按甲方指令施工造成某单井质量问题等原因给仲裁带来较大困难，最后通过及时改变仲裁策略，收回大部分剩余欠款。

一、基本案情

2012 年，A 石油工程公司在开拓某国家非油气市场过程中，与 T 公司在当地的分公司签订了工程施工合同（11 口井施工）。合同约定完工验收的条件包括单井完钻、气密封测试符合要求、完成地面采气树安装等。在实际施工中，由于在技术层面存在分歧，在完成部分井的施工后，T 公司书面通知取消 A 石油工程公司在后续井的气密封测试等部分工序，改由其他公司提供服务，相应费用从结算报告中扣减。2015 年，因工作量变更（新增钻井 1 口），A 石油工程公司与该分公司签订了上述合同的“增补协议”，仍按原合同约定完工验收条件，仍包括单井完钻、气密封测试符合要求、完成地面采气树安装等。2015 年底，A 石油工程公司依约完成全部合同义务，T 公司签署完工证明。在支付大部分工程款后，T 公司对剩余工程款 451 万美元一直以各种理由拖欠。多次催要无果后，2018 年 11 月，A 石油工程公司向北京仲裁委提起仲裁。

在仲裁过程中，T 公司一直主张部分井未完成气密封测试，不符合合同约定的完工验收条件；同时提出增补协议增加的新井施工中，因 A 石油工程公司人为操作失误，反循环替浆造成漏失（实际为 A 石油工程公司坚持采取正循环替浆，但 T 公司和该项目业主代表强硬要求必须反循环，A 石油工程公司未留下书面指令），导致该井无法投产使用，违反合同条款约定。

根据 T 公司主张，A 石油工程公司及时改变仲裁策略，一是补充间接证据证明漏失井施工措施都是严格按照操作规程实施，均在甲方监督之下，不存在人为操作失误；二是补充证据证明漏失及无法投产属于地质原因，三是将原主张 451 万美元工程欠款变更为原合同质保金 241 万美元、增补协议剩余工程款 192 万美元及该协议质保金 18 万美元。2019 年 9 月，收到仲裁委裁决，裁令 T 公司支付 A 石油工程公司原合同质保金 241 万美元及相应违约金，增补协议剩余工程款及质保金暂不具备支付条件，待增补协议中施工井质量问题形成结论性意见后再行判断。

二、法律分析

本案中，双方争议的焦点问题为：一是 A 石油工程公司是否完成全部合同义务；二是剩余工程款如何构成，应否支付，质保金是否应该返还；三是 T 公司应否支付相应的延期违约金。

（一）关于建设工程合同义务履行的相关法律

《中华人民共和国合同法》第二百七十九条规定：建设工程竣工后，发包人应当根据施工图纸及说明书、国家颁发的施工验收规范和质量检验标准及时进行验收。验收合格的，发包人应当按照约定支付价款，并接收该建设工程。

最高人民法院《关于审理建设工程施工合同纠纷案件适用法律问题的解释》第十三条规定：建设工程未经竣工验收，发包人擅自使用后，又以使用部分质量不符合约定为由主张权利的，不予支持；但是承包人应当在建设工程的合理使用寿命内对地基基础工程和主体结构质量承担民事责任。

（二）关于质保金及返还期限的相关法律

最高人民法院《关于审理建设工程施工合同纠纷案件适用法律问题的解释》第十四条规定：当事人对建设工程实际竣工日期有争议的，按照以下情形分别处理：建设工程经竣工验收合格的，以竣工验收合格之日为竣工日期；承包人已经提交竣工验收报告，发包人拖延验收的，以承包人提交验收报告之日为竣工日期；建设工程未经竣工验收，发包人擅自使用的，以转移占有建设工程之日为竣工日期。

最高人民法院《关于审理建设工程施工合同纠纷案件适用法律问题的解释》（二）第八条规定：有下列情形之一，承包人请求发包人返还工程质量保证金的，人民法院应予支持：当事人约定的工程质量保证金返还期限届满；当事人未约定工程质量保证金返还期限的，自建设工程通过竣工验收之日起满 2 年；因发包人原因建设工程未按约定期限进行竣工验收的，自承包人提交工程竣工验收报告

90日后起当事人约定的工程质量保证金返还期限届满；当事人未约定工程质量保证金返还期限的，自承包人提交工程竣工验收报告90日后起满2年。

（三）关于违约金及利息计算的相关法律

最高人民法院《关于审理建设工程施工合同纠纷案件适用法律问题的解释》第十七条规定：当事人对欠付工程价款利息计付标准有约定的，按照约定处理；没有约定的，按照中国人民银行发布的同期同类贷款利率计息。

第十八条规定：利息从应付工程价款之日计付。当事人对付款时间没有约定或者约定不明的，下列时间视为应付款时间：建设工程已实际交付的，为交付之日；建设工程没有交付的，为提交竣工结算文件之日；建设工程未交付，工程价款也未结算的，为当事人起诉之日。

（四）仲裁委裁决结果分析

仲裁委对以下事实进行了认定：第一，虽然部分井未完成单井验收程序，但T公司接收并投入后续施工，对于漏失井施工问题的成因及后果尚未有定论。因此A石油工程公司已履行完毕全部12口井中除漏失井之外的其他11口井（即前11口井）的合同义务，而漏失井尚有与T公司共同向业主索赔的义务尚未履行。第二，虽然双方在实际履行过程中，并未严格按照合同约定的进度安排、工作内容对应支付，但根据双方提供的证据及当事人陈述综合评判，可以准确区分工程款、质保金及与漏失井直接关联款项的各项数额。第三，施工合同及增补协议范围内的12口井施工过程中，各单井的实施情况可以各自独立评估，特别是漏失井更明显区别于前11口井。鉴于施工合同及增补协议就质保期问题未做出具体约定，结合实际履行情况，应该确定本案工程自 2015 年 11 月 1 日进入质保期，前 11 口井于 2017 年 11 月 1 日质保期满，相应的质保金 T 公司应予返还。第四，双方当事人就延误付款应承担的责任及计算方式在合同中进行了约定，该约定应该得到执行。前 11 口井的保留金应于 2017 年 11 月 1 日质保期届满时返还，T 公司未能及时支付，延期付款违约金应按照合同约定自质保期届满 14 日后起算。

就本案应对而言，虽然 A 石油工程公司主张未能得到仲裁委全部支持，但是在仲裁过程中，通过及时改变仲裁策略，避重就轻，最终收回大部分欠款，剩余欠款只是暂时扣留，仍有收回可能，基本达到仲裁目的。

三、启示体会

这是一起由油服企业常见的钻井工程合同引发的案件。案件处理中有几点启示，值得总结借鉴：

一是合同重要条款的拟定和审核，包括履行期限和验收条件（完工、验收及付款的确认时限和标准、里程碑式付款的各阶段条件和时间）、违约责任约定（过高的违约金约定难以得到支持，一般比例不超过实际损失的 30%）、争议解决条款等，确保合同双方权利义务公正、具体，违约责任明确清晰等，避免因合同原因引发的资金回收的纠纷。本案中合同载明了 5% 的质保金，但未约定质保金如何返还；同时出现合同条款与实际施工不符的情况，未能及时变更合同和增补协议，给依法维权带来较大难度。

二是合同履行是合同全过程管理的重要环节，石油工程合同因履行期限较长，产生的风险点较多且易疏漏，必须加强对项目的动态监管。一是在履约过程中按约定时间节点确认工作量、回收进度款、及时主张权利，并根据实际执行的变化及时进行合同变更、索赔；二是注重执行过程中证据的留存，保留好甲方指令单、工作量确认单、验收单、往来信函、会议纪要等相关资料，确保我方利益。本案中T公司及业主要求A石油工程公司采用违反常规的施工工艺，A石油工程公司未能要求甲方提供书面指令，为后续举证带来了极大困难，造成甲方责任可能由乙方承担的风险。

三是转变观念，走法律途径并不是坏事。面对逾期欠款难以收回的情况，应尽早咨询法律部门，必要时及时采取法律手段。提前介入有利于帮助公司有针对性地准备证据，应对潜在的诉讼或仲裁，也可以通过“以打促谈”的方式，促进债务人及时还款。

合同终止引争议　和解结案降损失

——某海外公司合同争议仲裁案

【摘要】某海外公司澳大利亚子公司收购A公司澳大利亚海上三个区块60%权益。因联合体决定，A公司提前终止租赁合同，承包商P公司提起仲裁并获胜诉。A公司无力承担赔偿责任，进入破产程序，某海外公司海上区块权益面临被拍卖风险。某海外公司为保全资产，与承包商P公司达成和解协议，支付6000余万美元。

一、基本案情及处理情况

2008年，某海外公司在澳大利亚设立的子公司（以下简称澳子公司）收购澳大利亚A公司三个海上区块60%权益，A公司持剩余40%权益，双方成立联合体，澳子公司担任作业者。收购前，A公司在新加坡设立的子公司AS公司与承包商P公司签订租船合同，由承包商P公司提供FPSO船（浮动式油气生产及储存设施），用于3个区块油田的开发生产，A公司已将前述三个区块资产抵押给P公司。收购时，基于税务结构考虑以及对资产质量的评估，澳子公司同意AS公司代表联合体双方继续持有租赁合同并接受了资产抵押。某海外公司作为母公司为澳子公司履行并购协议项下的义务提供担保，同时，澳子公司与A公司以各自持有的区块权益签订交叉抵押协议。

2009年开始，油田产量快速下降，导致亏损。此后，P公司船舶发生漏气事故。为减少损失，在澳子公司和A公司合作双方同意下，FPSO合同主体AS公司以P公司存在重大违约为由提前终止了租船合同。P公司不认可合同终止理由，争议经调解无效，按合同约定于2009年11月进入仲裁程序。同时，按照租船合同规定，AS公司承担P公司在澳大利亚发生的与租船合同有关的税务责任。由于澳大利亚采取由经营者申报、税务局最终核定的税收方式，P公司、A公司与澳子公司在税务申报立场及税额上存在重大分歧，2011年2月，税务争议也进入仲裁程序。

2011年8月，澳大利亚仲裁庭裁定AS公司终止合同错误，要求AS公司向承包商P公司支付赔偿金等约8300万美元以及延迟支付所产生的利息和相关仲裁费用。除此之外，承包商P公司还主张AS公司支付税务赔偿费用。仲裁裁决后，A公司、AS公司因无力偿付进入破产程序，由P公司任命抵押资产接管人。经过利弊权衡，P公司的母公司向某海外公司和澳子公司寻求和解。经过多次协商谈判，双方达成了一揽子和解协议，最终由澳子公司向承包商P公司的母公司支付本息共计6000余万美元，并获得承包商P公司100%股权。通过一揽子和解方案，澳子公司解决了后续税务及赔偿责任的法律争议、法律费用支出增加和结果不确定性等问题；降低了赔偿责任，避免承担潜在的高额税务赔偿责任；同时，保全了资产、避免资产被执行抵押的风险。

二、法律分析

该案涉及的法律关系极为复杂，金额巨大。对于某海外公司和澳子公司而言，在合同争议仲裁和税务仲裁中，并不是案件当事人，但是案件结果对两公司有着直接的影响。随着当事人A公司破产情况的出现，两公司在支付合同终止仲裁赔偿金上面临两难：如果只承担 60% 的赔偿金，则其区块资产存在被出售执行抵押的风险；如果承担 100%，虽可执行交叉抵押，但因资产价值减损，已无可能从 A 公司追索到 40% 足额的资金。此外，税务争议的仲裁仍在进行中，若通过法律程序来解决，则耗时长，法律费用高，最终结果也存在不确定性。因此，支付一定金额的赔偿金从而将 P 公司变成自己的子公司，从源头上消灭索赔主体，确为降低损失的最佳方式。

该项目是某海外公司在海外发达国家收购的第一例，收购的目标资产及其附加权利义务都很复杂。交易结构及其资产上承继的一些法律义务或瑕疵，在交易当时可能是可以容忍的法律风险，但随着后续资产质量以及经营状况发生变化，就逐渐显现并成为了主要法律风险，如资产抵押问题。一揽子和解方案不仅解决了争议，更重要的是有效地化解了潜在的舆论炒作，避免损害企业在油气市场的声誉。

三、启示体会

这是一起复杂的、由涉外投资项目引发的案件。权益收购、船舶租赁、交叉抵押、母公司担保等各种法律关系互相交织。该案的发生和处理，对于中国公司走出去具有较强的借鉴意义。

一是要注重项目投资前的尽职调查和风险分析。收购境外油田等不动产权益时，应当尽最大可能开展尽职调查、识别风险，并充分考量投入和产出之间比例。这里所谓的风险分析不仅仅局限于法律风险，还包括战略风险、投资风险、运营风险等。本案中，在某海外公司收购权益之前，油田资产上已设有抵押担保，权利已有瑕疵，某海外公司面临的风险必定比未设定抵押时要大很多。诚然，投资是战略决策，需要长远的眼光，并非只要有权利瑕疵就不能涉及，而是应尽最大可能降低风险，使得投入、风险和收益之间不致失衡。

二是要充分考虑主合同关系之外的其他法律要素。在境外投资项目中，除了项目运作的主要合同关系外，还会涉及税收、劳动、外汇等多种因素。本案中，除了合同终止争议外，还有税务仲裁。每个国家的税收政策都不尽相同，有的制定了明确税率标准，有的是纳税人申报后由税务机关核定。澳大利亚即为后一种情况。本案导致税务仲裁的根本原因就是在合同中没有明确约定按照哪一方的立场进行税务申报。如果在合同中有明确约定，则税务仲裁就不会发生。因此，在不同的国家开展投资项目，都必须熟知与项目有关的各种法律关系，在合同谈判和签订中提前部署，从根本上防控风险。

三是要科学决策和管理合同终止。本案体现了英美法系国家在投资中强调公平和诚实信用原则，倾向于保护交易中的弱者、鼓励合同履行和促进交易。在此基调下，投资者在决定终止合同前，必须对是否有权终止、终止是否充分、争议的前景，以及采取哪些行动确保有效终止等问题，进行充分的分析和预测，为决策提供科学依据，降低败诉的风险。

安全事故追刑责　辩诉交易化风险

——某工程公司职业卫生与安全案

【摘要】 加拿大油砂罐区施工项目，是由某海外公司加拿大有限公司（以下简称 SSEC Canada）与加拿大自然资源有限公司（以下简称 CNRL）于 2006 年 6 月签约、由中石化某建设公司（以下简称某公司）负责施工的工程项目。2007 年 4 月，发生了施工中储罐罐顶结构和支柱倒塌的意外事故，造成 2 人死亡和 2 人重伤，由此导致加拿大阿尔伯特省政府部门的 OHS（职业卫生与安全）调查。2009 年 4 月，阿尔伯特省司法部根据事故调查结果，对 CNRL、SSEC Canada 以及某工程公司提起共 53 项违法指控（以下简称 OHS 指控）。经过据理力争和多次斡旋，最终达成辩诉交易，加方撤销对某工程的全部指控，对 SSEC Canada 仅保留 3 项指控，SSEC Canada 支付罚金 150 万加元，本案终结。

一、基本案情及处理过程

2005 年 3 月，加拿大基利国际公司（Zachary Intl.）董事长陈某来某工程公司（SSEC）考察，就合作开发加拿大自然资源公司（业主）的石油化工项目进行洽谈。2006 年 4 月 10 日，SSEC 与基利国际在加拿大阿尔伯特省共同发起设了某工程加拿大有限公司，SSEC 与基利国际分别持有 90% 和 10% 股权。2006 年 6 月 26 日，SSEC Canada 与

CNRL 签署了建造油砂储罐的协议，合同价格为 3640 万加元。2007 年 1 月 11 日起因工程范围变更，价格变更为 3532 万加元。

2007 年 4 月 24 日，因大风引发一台施工中的储罐（西罐区 1B 罐）罐顶结构和支柱倒塌，造成 2 名中国工人死亡。事故发生后，现场停止施工，阿尔伯特省职业健康与安全机构（OHS）开始调查。2009 年 7 月，OHS 出具事故调查报告，认为：CNRL、SSEC Canada 和某工程公司未能履行应有的尽职义务，施工措施、安全检查、安全保护等诸多方面存有缺陷或过失，负有事故责任。为此，司法部控诉以上公司未能确保工人的健康和安全、未能确保由 1 名专业工程师准备和鉴定图纸和程序方案、未能确保储罐内罐顶支撑结构在装配过程中的稳定性、未能确保用于扣紧绳索的 U 型螺栓夹子的正确安装以及未能确保钢丝绳的安全使用等。2009 年 4 月 22 日，阿尔伯特省司法部依据《阿尔伯特省职业健康与安全法案》对上述 SSEC，SSEC Canada 和 CNRL 三被告提出刑事指控。其中，对 SSEC Canada 提出 14 项罪状、对 SSEC 公司提出 10 项罪状、对 CNRL 提出 29 项罪状。每项罪状可能面临的最高处罚是 50 万加元，SSEC 和 SSEC Canada 可能面临的最高罚款是 1200 万加元。

2009 年 12 月 10 日，司法部请求阿尔伯特省法院对某工程公司强制执行单方案件审理，主张其已向某工程公司有效地送达了法庭传票，遭到驳回。2010 年 9 月 27 日，司法部上诉至阿尔伯特省高级法院，省高级法院法院判定某工程公司事实接受了阿尔伯特省法院的司法管辖。2011 年 4 月 14 日，某工程公司向阿尔伯特省上诉法院提起上诉，遭到驳回。2011 年 11 月 23 日，某工程公司向加拿大最高法院申请上诉权。2012 年 7 月 12 日，某工程公司撤销申请上诉权的请求。具体承担施工任务的是某公司。

2010 年 1 月，某工程公司与阿尔伯特省司法部之间进行首次辩诉交易谈判。2012年6月，双方进行第二次辩诉交易谈判，在罚款金额上达成初步一致（126万加元），但因司法部坚持在《控辩双方案件事实陈述》涉及某工程公司和中国石化，交易谈判陷入僵局。经过3年多的不懈努力，2012年8月15日，SSEC Canada与司法部达成辩诉交易协议。2012年9月5日，阿尔伯特省法院对本案进行开庭审理。按交易协议约定，某工程公司撤销申请上诉权的请求，SSEC Canada到庭接受3项指控，司法部当庭撤销了对SSEC Canada的其余指控以及对某工程公司提起的全部指控。2013年1月24日，司法部履行诉辩交易协议，向法院提交《控辩双方联合判决建议书》，请求法庭依据《阿尔伯特省职业与健康法案》第41.1条款对SSEC Canada进行量刑判决。当日，法院判处SSEC Canada罚金150万加元（其中，20万加元上缴阿尔伯特省政府，122.5万加元作为专项资金交由阿尔伯特省法律基金会用于阿尔伯特省外来劳工专项培训计划，7.5万加元用作阿尔伯特省法律基金会对该计划执行监管的管理费用）。2013年1月31日，SSEC Canada支付了罚金。至此，判决执行完毕，本案已告终结。

二、法律分析

由于事故涉及多家公司的众多人员，责任区分非常复杂；而某工程公司最关心的是将SSEC从诉讼中脱身出来，其法律基础是SSEC与CNRL没有合同关系，且未参与某公司的施工活动。但光凭这样的说辞难以促使司法部对SSEC撤案，还必须辅以法律手段。为此某工程公司主动提起管辖权异议诉讼，该诉讼历时一年，某工程公司一审胜诉，二审败诉，但达到了诉讼预期目的，有效拖延了案件处理时间，使阿省司法部意识到对SSEC追究责任的难度和成本，为后续双方达成辩诉交易创造了有利条件。同时由于CNRL的项目经理、安全经理可能存在“未尽职”责任，因此CNRL能够配合我方辩诉交易，也是一个重要因素。

三、启示体会

（一）境外安全事故处理

在境外发生突发事故时，要妥善处置紧急情况，做好伤亡人员安抚、保险赔偿、稳定现场人员情绪等事故善后处理工作，及时调整后续工作方案或计划；除紧急处理情况逐级上报外，还应与业主及当地安全部门充分沟通，避免因信息不对称而引起误会；尽早聘请当地资深律师介入，最大程度地维护公司利益；密切关注舆论导向，必要时通过聘用专业公关公司开展危机公关，妥善应对媒体，以维护公司声誉。

（二）案件应对

充分认识法律风险，做好应对预案；认真研读和分析证据材料，在很可能需要承担责任的情况下，尽量寻求辩诉交易（刑事案件）和庭外和解（民事诉讼）。以期望方案为目标，充分结合当地司法实践，打谈结合，保持冷静和耐心，保护自身利益，争取相对合理的结果。

（三）项目管理

在海外项目的管理过程中，要认真学习所在国的法律法规，严格遵守当地关于安全、环保、劳工等方面的政策法规；在设计或施工条件出现意外变更时，不能为了赶工期而放松施工质量和安全；在项目开展前，应进行充分的尽职调查，事先准备好突发情况的应对预案，做到有事不慌，妥善处理。

国际仲裁胜诉不易　执行确保维权到位

——国际事业公司E钻机国际仲裁案

【摘要】"中国制造"在打开国际市场的过程中，由于技术含量、产品竞争和文化差异等原因，中方签约时被迫接受苛刻条款和微薄的利润，收益风险比不合理；履约时，在制造流程、生产工艺、管理水平上的履约瑕疵容易被"放大"引发争议，而中方保留、固化证据的意识较弱。本案的处理历经3年多，工作组克服困难收集证据，还原事实，主动申请仲裁维权，最终获得完胜并执行到位5300万美元。

一、基本案情与处理过程

2010年初，俄罗斯E公司欲采购五套轮轨式钻机，使用环境温度为 -10℃至55℃。中国石化国际事业有限公司（以下简称国际事业公司）联合江汉四机厂等国内制造厂，数次降价，激烈竞争，经过数月数轮技术和商务响应终于中标。在合同谈判过程中，商务方面，E公司又对合同条款进行了强势而不利于我方的修改，其中就包括要求修改纠纷解决方式为在俄罗斯诉讼解决。技术层面，E公司提出将最低温度调整到 -45℃，中方明确拒绝，告知E公司此变更属于改变钻机材质的实质性变更，将导致钻机的选材、制造工艺和成本全面调整。E公司不同意更改价格，最终双方妥协，将最低

温度调整到 -20℃。但在争议解决方式上，我方没有再让步。后国际事业公司与 E 公司签署了出口合同，国际事业公司开立 617 万美元履约保函。

由于合同约定的 GOST 和 API 技术标准未明示钻机主要部件材料检验的冲击功标准值，制造厂根据经验决定使用 -20℃冲击值为 20 焦的选材标准，但因各种原因并未取得 E 公司书面确认。交货前夕，E 公司先后提出 300 余项整改要求，并提出主要部件材质不合格，最后拒绝收货，单方解除合同并罚没了国际事业公司保函。

2012 年 4 月 9 日，国际事业公司根据合同约定在瑞典斯德哥尔摩国际仲裁中心提起仲裁，要求 E 公司退保函、承担单方解除合同的违约责任、赔偿全部损失。国际事业公司认为：合同约定的钻机为常温钻机，中方根据实践和测算确定材料，完全能满足合同约定的工况条件；E 公司在履约过程中存在过错，内部多头对外、整改要求超出合同和拒绝验收等行为导致交货延期；E 公司因丢标，丧失对钻机的需求，利用瑕疵解除合同、逃避义务，是不诚信的行为。

2014 年 3 月 7 日，仲裁庭终局裁决：E 公司全面违约；退回保函；支付 5300 万美元的赔偿金；支付全部法律费用和垫付的仲裁费，并承担上述赔偿的复利。裁决全面支持了国际事业公司的主张。

仲裁胜诉后，E 公司拒绝执行。国际事业公司采取了以下措施：一是送达索偿函，声明权利，提出付款要求；二是通过资产调查，向 E 公司注册地塞浦路斯和 E 公司子公司注册地俄罗斯提起了执行胜诉裁决的申请。三是申请到法院资产披露令，法院责成 E 公司披露资产信息。四是获得法院财产冻结令，防止 E 公司转移资产，施加执行压力。2014 年 9 月 17 日，法院冻结了 E 公司所持 3 家全资子公司的股权。9 月 22 日，冻结令送达 E 公司，2014 年 10 月 3 日，E 公司主动全额支付了赔款。

二、法律分析

本案的争议焦点有以下几点：一是钻机材质是否能在合同约定的温度条件下安全使用。二是300多项整改是额外的还是合同规定的。三是5套钻机是否已制造完毕。四是E公司违约给国际事业公司造成的损失如何计算。

围绕上述争议焦点，国际事业公司明确了维权策略：一是以实践案例证明材料的安全性，坚持钻机为常温钻机，根据实践和测算确定材料，完全能满足合同约定的工况条件，不构成瑕疵履行；二是全力打击E公司的过错，其内部多头对外，整改要求超出合同约定，违反了诚实信用原则和依合同履行义务原则，拒绝验收行为构成实质违约，突出其对交货延期的责任；三是深挖E公司违约内在原因，抓住E公司丢标背景，强调其因丧失需求，利用瑕疵解除合同、逃避义务的不诚信行为。

本案的难点有以下几点：一是钻机生产时间跨度大，证明材料散落在制造厂、分包商、监造公司和国际事业公司。二是中方证据意识薄弱，证据散落面广，部分重要节点的书面证据缺失，影响证据质量。三是4份整改清单均为E公司单方起草，措辞对国际事业公司极为不利，制造厂为促进交货，承认并签署了整改清单。四是E公司单方出具的两份专家报告均认为选材错误；合同及适用的标准均未约定明确的选材标准，制造厂向E公司确认选材标准的书面证据缺失。五是E公司从未向书面明确告知过钻机的使用地点和项目，对E公司解约恶意缺少直接证据。

为了证明上述争议事实，国际事业公司从制造进度、制造质量、选材合格和E公司解约恶意等4个方面会同代理律所开展取证工作，收集了大量相关汇报材料、会议记录、邮件、技术文件，并在全球范围内选聘擅长材料、质量和工程项目定损专家出具专家报告，协调中方数十位历经本项目的证人出庭作证。通过各方努力，最终整理收集了从询价阶段开始的所有邮件、纪要、图纸和质量体系文件。调取了钻机设计阶段的各项证据，形成了约20G的证据材料，构建了庞大的证据库。通过20余次赴制造厂现场取证；近百次的证据材料传递和补充；30多次面谈，数百次电话会议，确认了关键的事实细节。经过梳理归纳，完成了13份双语事实证言、5份专家报告及156份匹配证据。这些证据证明了双方订立的合同和技术标准均未规定钻机选材，制造厂选材严格达标，符合工况的要求；制造厂质量体系完毕，钻机存在问题的定性是质量瑕疵而非质量不达标；钻机已基本完成制造，E公司的行为造成了交货延迟。这些证据有力佐证了国际事业公司严格按照合同约定制造钻机，不构成瑕疵给付，而E公司恶意毁约，构成实质违约的事实，为仲裁的胜诉奠定了基础。

三、启示体会

引发本纠纷的主要原因是由于钻机产品在国际贸易中供需双方市场地位不对等，外方客户无理背信违约，中方缺乏有效的制约、控制手段。多次谈判沟通未果，只能用法律手段维护合法权益。

1. 有效的证据管理、全局筹划、正确的策略是完胜的决定性因素

打官司就是打证据，全面收集证据、科学管理证据，对易灭失证据的迅速保全，不断提升证据质量、根据证据客观分析判断，科学确定诉讼利益，不断补证、调整策略。严格执行证据管理制度，加强收集和提供证据的管理力度，确保提供的证据不损害中方利益、收集的证据直指要害。

2. 国际贸易具有风险常态化的特点

“风险常态化”指国际贸易受各国政治、经济、文化、法律、市场、汇率等多种因素影响，复杂程度较高，贸易摩擦频率加大，风险时有发生。基于此特点，国际贸易领域发生合同争议越发普遍和常见，遇到国际贸易纠纷争议，要正确使用诉讼、仲裁等手段解决纠纷争议，化解风险，维护权益，一味退让、妥协不是最佳处理方式。

3. 加强风险识别，推进境外全面风险管理

以业务流程为主线，梳理风险点，开展业务风险、财务风险、法律风险的全面识别评估，并以此推进风控、内控、制度一体化建设，实现境外风险的全面管理。加强风险全过程管理，以全面风险管理为目标，以咨询调查、集中会审和异常管理为抓手，业务、财务和法务一体化管控风险，风险识别、控制、预警和处置措施落地。

4. 优化业务结构，规范业务开展

本案中，E 公司一再要求中方降价，中方大量削减利润，多次降价。E 公司不支付预付款并要求中方开具履约保函。由于出口市场竞争激烈，接到利润薄、采买合同条款苛刻、垫资、背对背、过单等类型的高风险业务时，决策前要深分析，慎决策，审模式。应分析投资回报、算经济账，不轻易进入，敢于说不，不能割裂审核一段业务风险，应将各个环节从前到后、穿透评估风险事项。应选择简单、清晰的业务模式和链条，最大限度减少中间环节，全面推进业务改造，摒弃不良业务。坚持有所为、有所不为，坚决退出一部分市场竞争优势弱、经营风险大的业务，进一步去枝强干、优化战线，集中优势资源做精做强核心业务品种。

公司解散遭恶意诉讼
十年鏖战终全面胜诉

——某公司与美国某公司合资纠纷

【摘要】 改革开放初期，中国石化国际事业有限公司（以下简称国际事业公司）与美国的 L 公司在美国合资成立了 Z 公司，双方各出资 50%，主要从事石蜡经营业务。后因经营不善，国际事业公司与利 L 公司协商解散 Z 公司，但在处置公司资产等问题上存在分歧。2000 年，适逢中石化股份公司上市的关键时刻，L 公司将中国石化集团公司、国际事业公司、国事美国公司起诉至德州法院，试图以此迫使中方在解散 Z 公司的谈判中做出重大让步。本案历时 10 年，从德州法院移送至联邦法院，历经联邦法院和联邦上诉法院两审判决，最终以国际事业公司全面胜诉告终。

一、基本案情及处理过程

1985 年，国际事业公司与 L 公司决定在美国休斯敦合资设立 Z 公司。注册资本 50 万美元，双方各出资 50%，主要经营化工品（石蜡）业务。1985 年至 1997 年，Z 公司业务发展良好。但从 1998 年开始，Z 公司由于经营不善，导致接连遭遇诉讼，经营出现困难。1999 年，国际事业公司与 L 公司协商解散 Z 公司，但在处置 Z 公司资产问题上存在较大分歧。L 公司提出中国石化方面应向其支付 1000 万美元，国际事业公司拒绝了该无理要求。

2000 年，L 公司在美国德州地方法院提起诉讼，向中国石化集团公司、国际事业公司、国事美国公司索赔 8000 万美元，企图以此干扰中国石化股份公司在美上市，从而达到其迫使中方就范的目的。2002 年，L 公司又以中国石化欺诈为由修改诉状，将索赔金额提高到 13.5 亿美元。此后，L 公司又追加中国石化股份公司为被告，将索赔金额调整为一个模糊的计算公式，预估为 6500 万美元。L 公司的诉由主要有两点：一是中方违反了《合资协议书》和代理协议，侵害了 Z 公司的独家代理权；二是中方违反了《合资协议书》中的不竞争条款和公司信托责任，与 Z 公司进行了商业竞争、转移剥夺了 Z 公司的商业机会。

对此，中方首先通过运用美国《外国主权豁免法案》（FSIA）的规定，将案件从德州地方法院移送至联邦法院管辖，避免陪审团和法官有定案倾向，争取到一个对中方相对客观、专业的审理环境。其次，中方向法院成功申请了冻结被告中除国际事业公司以外的主体参加诉讼，免于投入大量人力物力参与诉讼。最后，在证据收集过程中，中方收集到了 Z 公司从未被授予独家代理权的有力书证。2009 年，联邦法院一审判决全面驳回 L 公司的各项诉讼请求，判决国际事业公司不承担任何责任，也不承担 Z 公司清盘的任何费用。L 公司不服一审判决，随即向美联邦第五巡回法院提起上诉。2010 年，联邦上诉法庭做出终审裁决，维持一审判决。本案历经 10 年，以中方完胜告终。

二、法律分析

本案的争议焦点主要有两个：一是 Z 公司是否有独家代理权；

二是中方是否违反了《合资协议书》中的不竞争条款和公司信托责任，与Z公司进行了商业竞争。

针对独家代理权的问题，中方收集的证据显示，L公司法人何某某在一封致国际事业公司的信函中，承认了Z公司从来就没有独家代理权。此外，根据时效理论（美国法律规定违约之诉的诉讼时效是4年），中方提出L公司与Z公司一直知道国际事业公司在通过Z公司以外的其他销售渠道出口石蜡，但并未采取任何行动主张其所谓的“独家代理权”，因此早已超过了法律保护的诉讼时效。根据弃权理论，不论是否存在“独家代理权”，L公司在知情后的近10年间并未采取行动，已构成弃权。上述证据迫使L公司放弃独家代理权的论点，转而主张法律界限较为模糊的信托责任和公司压迫。案件焦点的转移使得L公司在法庭上的诚信大打折扣。

针对L公司提出的信托责任和公司压迫问题，中方提出，由于Z公司为两个股东各自持股50%的封闭型公司，则根据信托责任和公司压迫理论，国际事业公司不能当然产生信托责任。根据Z公司设立地德州的法律规定，公司压迫理论针对的是实际控制并经营公司的经营者，而在本案中，Z公司的实际控制经营者恰恰是L公司自己。实际上，在中方收集到证据证明Z公司没有独家代理权后，本案的基本事实已非常清晰，争议焦点已转为合资公司经营困难，如何终止合作及解散清盘。中方向法院提出了这些主张，给法官一个重要的法律依据，使法官可以抛开极其繁重的案件事实审理，用简单明确的法律规则直接做出裁决。

三、启示体会

本案是一起解散设立地为美国的中外合资公司而引发的纠纷案件。案件处理中有以下几点值得总结借鉴：

一是要充分了解公司注册地的司法环境，深入开展国别研究。Z公司在美国注册成立，日常经营需要遵守美国法律，合资争议解决也选择适用美国法律。本案的处理经历了从州法院移送到联邦法院，从一审到二审的全过程。可以说中方对美国司法制度、特殊法律规定、司法判例和证据规则的合理运用是最终全面胜诉的重要原因。随着中国石化涉外经营活动逐年增多，涉外法律风险也逐渐增大。在今后实现“走出去”战略、对外合作、对外贸易的实践中，一定要认真研究所在国的法律环境，切实防范法律风险。

二是要提高法律风险防范意识，加强合同全过程管理。Z公司成立于20世纪80年代中期，正值中国石化总公司迫切需要打开外贸窗口之际。相较于美国的市场经济和法律制度，我们的法律意识和管理水平有着不小的差距。当时环境下签署的协议，不十分严谨，因此为争议埋下隐患。对于涉外经营活动，要把好源头控制和过程控制两道关。签约前，应做好尽职调查，全面分析可能出现的法律问题，设计好条款，为经济活动提供法律保障。履约过程中，一旦发现异常情况，要及时反应并快速解决。

三是面对案件争议，要注重做好信息采集和证据收集整理工作。有效的证据管理、全局筹划以及正确的策略是诉讼案件胜诉的决定性因素。要牢固树立“打官司就是打证据”的意识。全面收集证据，科学管理证据，对于易灭失的证据，应当迅速保全；对于现存的证据，应客观分析研判，不断打磨提炼，提升证据的质量，科学确定诉讼利益，不断补证、调整策略。严格执行证据管理制度，加强收集和提供证据的管理力度，确保提供的证据不损害中方利益、收集的证据直指要害。

重塑国际原油贸易条款
提升数质量管理水平

——联合石化原油质量索赔案

【摘要】 联合石化分批采购原油1000多万桶，货物盐含量超标，该区块由某国家石油公司和某大型国际石油巨头共同经营。在总部法律部、生产经营管理部和炼油部等部门的专业指导和亲自参与下，联合石化法律与业务团队紧密合作，及时联动贸易相关方提出索赔，并积极通过诉讼、商务等多种手段综合施压，历经两年坚定维权，最终实现和谈解决争议，获赔1400万美元。

一、案件背景及处理过程

2013年11月，联合石化采购1000多万桶产自某区块的原油，该区块由某国家石油公司（以下简称NOC）及某大型国际石油巨头（以下简称IOC）共同经营供应。这批原油含大量明水和无机盐，指标最高的一船原油盐含量达800毫克/升，远超该油种盐含量200毫克/升的历史平均水平，严重影响中国石化炼厂的安全生产和平稳运行。经查，质量问题是油田出现机械故障导致脱水作业失灵而造成的。联合石化采取脱水沉降等多种技术手段解决原油高盐问题，同时紧急采购替代货物保证炼厂正常生产，付出高额处理成本和费用。联合石化及时联动贸易链相关方，向 NOC 和 IOC 提赔，对方以原油贸易惯例中没有质量标准为由，坚称不存在违约而对我方要求置之不理。

联合石化会同中国石化法律部、生产部、炼油部和炼厂等成立专门工作组，组织法律、商务、技术人员严密论证索赔理据，仔细收集证据，反复推演损失计算模型，充分做好诉讼应对准备。2014 年 11 月联合石化会同贸易链相关方在伦敦高等法院发起系列诉讼，强势向 NOC 和 IOC 传导压力，要求赔偿货物质量损失，坚决维护中国石化利益。同时通过多种商务手段综合施压，迫使对方主动与我方接触和谈，圆满解决争议。

二、法律分析

历经两年的坚定索赔，联合石化“以打促和”，诉讼、商务谈判“两条线”齐头并进。合理利用诉讼程序为双方和谈留下空间；突破案件实体难点增强对方诉讼压力，形成相关方联动声势，推动纠纷解决回归我方预设轨道。针对合理损失计算难点，以英国法为理据，聘请国际原油市场专家，通过对比西非原油市场价格波动，推演确立盐含量减价模型，从而得出原油真实价格根据盐含量升高而逐步下调的有利结论和公允数据，终获被告认同并成为解决争议的基础依据。最终 NOC 与 IOC 同联合石化达成和解，向我方承认错误、表达歉意，接受我方提出的原油质量条款，并赔付 1400 万美元。第一次打破国际原油贸易惯例，迫使 IOC 同意在合同中约定原油含盐量指标，超过特定标准的，分阶梯降价，直至拒收货物。

三、启示体会

由于原油为原材料的天然特点，除对 API 度、硫含量指标进行约定外，对原油其他物性指标一律不做约定，只是概括约定为“交货时间交货地点可获得原油的通常标准”，这是国际原油市场延续数十年的惯例。最终联合石化突破法律障碍取得胜利，主要有以下原因：

（1）做强法律理据，果断采取法律手段。尽管此前英国法中并无类似先例，但我方通过梳理分析产、运、销等全过程大量事实，论证原油不符合炼制标准的前因后果和法律逻辑，做强质量违约理据，着力突破损失计算的传统方法，抓住被告爱惜声誉和息讼心态，以司法救济为基础，以合作共赢为引导，启动多途径、少成本多方联动解决争议模式。

（2）以打促和，综合施压。案发后，联合石化停止采购该问题原油，施加商业压力；策动 7 个相关方层层转导，形成声誉压力；通过诉讼使被告面临公开审理的舆论压力，迫使其走回谈判桌。

（3）深挖业务线索，严密证据链条。面对被告质量条款的强势和损失计算的狡辩，法律与业务人员回放贸易链条全程，深挖数据库大量信息和线索，演绎法律思维，重塑“盐含量影响原油价格”的贸易共识，论证无可辩驳的盐含量减价模型，有力驳倒被告的抵赖心态，奠定我方胜利基础，最终成功实现索赔。

通过对案件发生背景和应对过程的梳理，联合石化举一反三从以下两个方面进一步强化管理、改进措施，确保国际贸易在合规、公平的环境中进行：

（1）打通流程、明确职责，提高数质量管理水平。联合石化集中精力对进口原油代理业务的本部各单位、境外公司数量、质量监控相关工作职责、岗位重新梳理，明确采购、租船和运输执行、接卸、仓储、对接炼厂等业务流程中的数质量管控职责，建立异常情况预警和处置方案，加强提单、检验报告等关键文件的核查和保管，健全贸易全流程数质量监控机制。

（2）重塑国际贸易质量条款，把好进口原油质量关。在国际原油贸易市场中，卖方往往处于强势地位，在原油贸易合同中，通常没有原油质量规格的规定，强势卖方往往推行以“在装运港当时装运地的惯常原油质量”为标准，没有其他参照依据，买方据此维权非常困难。为此，联合石化法律团队深入研究，对比不同交易对手的质量条款，与贸易人员沟通推行对买方有利的合同条款。

首先，在原油贸易合同中，尽可能明确采购原油品质的具体指标，如符合该原油品种的“正常品质”或是符合某装货港原油的“正常品质”，并排除“在装运港当时装运地的惯常原油质量”等不合理的限制。

其次，在原油质量发生异常后，采取“以打促和”等方式，迫使卖方接受原油降价机制的质量条款，即明确含盐量或含硫量等关键质量指标的正常范围，卖方按照供货质量的不同异常区间给予买方价格减让，并设置买方有权退货的质量指标，以此使买方获取原油质量差价，争取处理主动权，切实维护买方权益。

建设工程类案件

施工结算应及时　起诉止损讲策略

——建设工程施工合同纠纷

【摘要】2010 年，A 公司与 B 公司签订施工合同，B 公司将赤峰首站工程发包给 A 公司施工，合同价款 2568.27 万元，后双方签订《补充合同》，调增合同价款 471.7 万元，合同总价款 3039.97 万元。2013 年 4 月 10 日，双方对施工工程进行竣工结算，结算金额为 1.819 亿元（并未完成最终结算）。截至起诉之日，B 公司仅支付 A 公司 1.02 亿元，尚欠 A 公司 7979.05 万元。2017 年 8 月 15 日，A 公司向内蒙古自治区高级人民法院提起诉讼，后经内蒙古该级人民法院调解，A 公司与 B 公司达成和解协议，并最终挽回损失。

一、基本案情

2010 年 9 月 22 日，双方签订《天然气管路项目赤峰首站工程施工合同》，B 公司将赤峰首站工程发包给 A 公司施工，合同价款 2568.27 万元。后双方签订《补充合同》，调增合同价款 471.7 万元，合同总价款 3039.97 万元。在施工过程中 B 公司又让 A 公司施工了合同外净化区一期工程二标段工程、化工区共用工程工艺管廊建筑安装工程三标段工程、凝结水精处理循环水管线工程、线路工程（内蒙古多伦段）。2012 年 7 月 25 日，赤峰供气首站工程通过竣工验收，2012 年 6 月 18 日净化区一期工程二标段工程通过竣工验收，2012 年 7 月 27 日工艺管廊建筑安装工程三标段工程通过竣工验收，2011 年 12 月 25 日一期凝结水精处理装置第三循环水管线工程通过竣工验收，2013 年 4 月 20 日线路工程（内蒙古多伦段）通过竣工验收。2013 年 4 月 20 日，双方进行竣工结算，结算金额为 1.819 亿元。截至 2015 年 9 月 18 日，B 公司仅支付 A 公司 1.02 亿元，尚欠 7979.05 万元。经多次催要未果，故向内蒙古高级人民法院提起诉讼。

原告 A 公司向法院起诉请求：①判令 B 公司给付 A 公司工程款 79790525.9 元，逾期付款利息 24898214.5 元，合计 104688740.4 元。②诉讼费用由 B 公司承担。

后 A 公司本着友好协商的态度与 B 公司进行协商，通过法律途径达到了回收公司账款的目的经内蒙古高级人民法院调解，双方最终达成调解协议：

B 公司承诺在 2017 年 12 月 20 日前支付给 A 公司 1000 万元；2018 年 1 月 31 日前支付给甲方 1000 万元；其余款项 38230644.92 元按季度平均支付，并于 2018 年 12 月 31 日前付清全部款项。本案诉讼费 565243.7 元减半收取 282621.85 元由 B 公司承担。B 公司承担 A 公司的律师代理费共计 100 万元。A 公司放弃逾期付款利息的诉讼请求。如 B 公司未按上述约定执行，B 公司除应向 A 公司支付余款外，还需向 A 公司支付利息损失。

目前，B 公司公司已按调解书约定付清 A 公司全部工程尾款，A 公司通过诉讼方式成功挽回 5823.0645 万元损失。

二、法律分析

本案中，法院认可双方签订的施工合同，合同中关于结算付款都有明确的规定，B 公司不及时结算付款显然违反了双方签订施工合同的约定。司法解释第二十一条规定：“当事人就同一建设工程另行订立的建设工程施工合同与经过备案的中标合同实质性内容不一致的，应当以备案的中标合同作为结算工程价款的根据。”合同是双方利益的保护伞外，还有一个最大，也是一个最基本的功能，就是促进履行、省时省力。一旦发生了不一致的看法，一般比较完备的合同都能调解解决。如果是一个残缺不全的合同，当承发包双方斗的筋疲力尽后，发现将合同送到法院更是一个艰苦的历程。本案中施工合同条理清晰，规定明确，故合同结算不存在争议，B 公司违约在先，A 公司有理由要求其支付欠款。

对于解决建设单位的工程欠款问题，我国现行的法律法规有明确的法律依据。依据《合同法》第二百八十六条，发包人未按照约定支付价款的，承包人可以催告发包人在合理期限内支付价款。发包人逾期不支付的，除按照建设工程的性质不宜折价、拍卖的以外，承包人可以与发包人协议将该工程折价，也可以申请人民法院将该工程依法拍卖。建设工程的价款就该工程折价或者拍卖的价款优先受偿。此处的发包人就是指建设单位，承包人指的是施工方。A 公司作为本案的施工单位可以根据此法条要求建设单位给付工程尾款，否则可以申请人民法院将该工程依法拍卖偿还欠款。

A 公司在诉讼过程中占据了主动地位，但考虑到维护双方共同利益，实现共赢的局面，A 公司仍致力于与 B 公司达成和解，最终双方达成了调解协议。

三、启示体会

本案是 A 公司与业主单位 B 公司发生的一起建设工程施工合同纠纷案，由于 B 公司未按合同要求履行给付 A 公司剩余工程尾款的义务，故A公司向法院提起诉讼，最终通过法院调解，双方达成调解协议，A公司挽回5800余万元的损失。

在本案中，B公司从投产运营后经济效益一直不佳，人员变动大，而且考虑到B公司同是国企“身份”，以及其在石化领域的市场份额，A公司仍按合同规定完成施工任务，并最终全部验收合格。在双方进行结算过程中，B公司以各种理由推迟结算进度，导致A公司未能及时回收工程尾款，且金额数量巨大，影响A公司正常经营运作。A公司通过发函、高层对接等方式仍未与B公司达成一致，迫于无奈向法院提起诉讼。在诉讼过程中，A公司收集了充足的证据，得到了法院的支持，但考虑到对方的经营状况不佳的现状，A公司本着友好协商的态度，通过法律途径达到了回收公司账款的目的与B公司进行协商，并主动放弃了逾期付款利息，最终与B公司达成和解协议，成功挽回经济损失。通过友好协商的方式，A公司与B公司并没有因诉讼而使双方利益受损，甚至为实现共赢开创了局面，目前双方仍在就新的项目合作进行密切沟通，保持着良好的业务往来关系。

通过对本案的分析，在日后施工过程中，A公司应注意以下几个方面内容：

（1）A公司在日后招投标过程中应充分考察业主单位的信誉度、经营状况、人员变动、经济效益等因素，对于经济效益不佳，人员变动大的单位，应谨慎投标，避免日后结算过程中业主单位无法及时给付工程款的情况发生。

（2）在施工过程中应保存好过程资料，注意存档妥善保存，尤其是结算资料，日后如果发生诉讼纠纷案件，过程资料将作为重要的证据支撑，若没有向法院出示足够的证据，将面临很大的风险，无疑会给A公司挽回损失增加很大的难度。

（3）在施工过程中应及时与业主单位进行结算，保证业主单位工程款支付及时，若不及时支付工程款，项目应及时与公司反映，并与业主单位进行协商。若业主单位不按合同约定无故推迟结算进度，不及时支付工程款，项目部应停工止损，避免类似于本案的情况发生。

（4）A 公司在回收账款应优先采用平和的方式解决，如发函、高层对接等。即便是通过诉讼解决欠款纠纷，也应在不损害 A 公司利益的前提下通过法院调解尽量与业主单位达成和解，和业主单位争取达成共赢的局面。本案 A 公司通过诉讼的方式，推动 B 公司加快结算进度，双方签订还款协议，A 公司最终挽回损失。双方并没有因诉讼而使双方信赖利益受损，实现了共赢的局面。

仲裁索赔靠证据　过程管理是关键

——五建公司中东某国建设工程合同纠纷

【摘要】 中石化第五建设有限公司（以下简称五建公司）承担了某工程公司发包的某国某工程施工。项目结束后，虽经多次谈判，某工程公司仍拒不支付双方确认的合同尾款，也不理会五建公司提出的索赔请求。五建公司遂依据合同规定的争议解决方式提起国际商事仲裁。经过坚定应诉，仲裁庭作出有利于五建公司的实体裁决，迫使某工程公司与五建公司在实体裁决基础上达成和解协议，并已履行。案件最终取得了较好效果。

一、基本案情及处理过程

某国某工程是业主为更新老厂、建设新厂并使新厂、老厂相互联结以扩大产能的扩建项目。某工程公司作为该项目 EPC 总承包商，提供设计、采购、施工及开车前的配套服务。五建公司作为某工程公司的施工分包商，参与新建一套某装置和改造原有某装置施工。合同工期自 2011 年 7 月至 2013 年 3 月。施工过程中，由于业主老厂生产、施工安排混乱，某工程公司主要设备到货延迟等原因，造成工期延误、五建公司成本增加。2013 年 11 月，五建公司施工完毕撤离后，与某工程公司就合同结算和索赔进行了 8 次谈判。但是，某工程公司先采取拒绝五建公司索赔请求的立场，后甚至连工程尾款 650 万美元都要“吃掉”。为抵销五建公司的索赔请求，某工程公司还陆续提出了相当于工程尾款和五建公司的索赔请求总额的反索赔请求，并扣留 350 万美元银行保函，意图迫使五建公司放弃工程尾款和全部索赔请求。由于通过谈判解决问题的可能性丧失，五建公司被迫于 2015 年 10 月依据合同规定向国际商会仲裁院（ICC）提出仲裁申请。某工程公司随后也基于其此前立场提出了反诉仲裁请求。

五建公司提起仲裁前，根据谈判进展情况，已经组织律所对案件主要争议的相关事实、证据、合同、适用法律进行了初步分析。提起仲裁后，及时成立了案件处理领导小组和工作小组，安排专门团队积极配合律所工作。至 2017 年 6 月，双方已向仲裁庭提交了 3 轮陈述和答辩，提交了 3 轮证人证言和工期、费用专家报告。仲裁庭于 2017 年 7 月开庭审理案件。双方于 2018 年 3 月收到仲裁庭做出的案件实体裁决。实体裁决支持了五建公司支付工程尾款、归还银行保函的请求，部分支持了五建公司的索赔请求；也小部分支持了某工程公司关于五建公司应承担工期延误违约金的请求，驳回了某工程公司其他请求。因此，总体上，五建公司取得了案件实体胜诉。在仲裁庭作出费用裁决前，双方经过 3 轮谈判，达成了某工程公司分期支付一定数额款项、双方申请仲裁庭不再就费用作出裁决的和解协议。和解协议已得到双方严格遵守和履行。

二、法律分析

本案中，双方对于工程尾款的数额没有争议。争议焦点是，工期延误究竟是谁造成的？如果是对方造成的，那对方应该赔偿己方多少损失？

某工程公司主张，五建公司投标时对人工工效估计失误导致报价过低，施工过程中人力不足，又不发按时足额发放工人工资，不能满足现场需要；由此导致工期拖延，使得某工程公司被迫另外增加人员，并减少五建公司工程施工范围以赶工，因此五建公司应赔偿某工程公司增加的巨额直接费、间接费成本。五建公司主张，自己人力充足，符合合同规定，工期延误的原因在于某工程公司供货拖期，业主检修合并、推迟等生产安排混乱等原因；因此某工程公司遭受的损失与五建公司无关。相反地，某工程公司还应就自己的违约行为，赔偿给五建公司造成的损失。双方围绕上述争议焦点和主张各自提出了书面证据、证人证言和工期、费用专家报告。

关于工期：双方工期专家均同意工期延误至 2013 年 9 月，但是对工期延误的原因各执一词。由于五建公司举证证实实际人力资源基本符合合同规定的工期和人力资源计划，而某工程公司关于报价过低、不按时发放工资等理由证据不足、说服力不充分，且某工程公司自己供货拖期、业主管理混乱等事实证据确凿，因此，在工期延误至 2013 年 9 月的原因方面，某工程公司不占优势。但是，由于五建公司一直主张 2013 年 10 月底工程完工，而又没有充分的证据证明 2013 年 9 月以后的工期延误是对方造成的，因此该 2 个月的工期延误，应由五建公司负责。

关于费用及损失：由于 2013 年 9 月以前的工期延误是某工程公司造成的，因此某工程公司应自行承担损失，同时某工程公司对于自己的损失也未能进行有效证明。此外，某工程公司应就五建公司 2013 年 9 月以前损失承担赔偿责任。五建公司由于未能证明 2013 年 9 月至 2013 年 10 月底前期间的延误原因，需要根据合同向某工程公司承担此期间的工期延误违约金（Liquidated damages for delay）。

综上，工期延误责任归属是本案的核心。只有证明工期延误责任归属于对方，才能证明己方不应承担对方损失，对方反而要承担己方损失。另外，证明实际损失的真实性也非常重要。只有尽量证明己方损失的真实性、合法性、关联性，而对方的损失不符合这些特征，才能有效对抗对方的反请求。

三、启示体会

一是要加强项目过程管理。本案由于前期合同谈判较为细致，合同文本相对有利，适用法律相对有利；合同履行过程管理较为规范，遗留书面证据基本扎实；管理人员虽然已经分散，但是项目管理团队核心人员仍能专注于案件处理。但是，在仲裁准备和实施过程中，也发现双方约定缩减合同范围这个重大问题缺少关键证据。这说明在项目执行过程中，五建公司对这个重大问题的认识不足、管控不到位。

二是要提前做好专业分析。本案提起仲裁前，五建公司聘请律所做了法律分析。但是，对于此类涉及工程工期和费用的仲裁案件，如果事先由经常参与仲裁的费用、工期工程师进行专业分析、给予指导，则更能帮助己方和律师做出更加有效的判断，进而采取更为有效的仲裁策略。

三是要全程加强领导组织。国际仲裁金额大、时间长、费用高。在集团公司、炼化工程集团支持下，五建公司管理层统一思想、保持信心，选择专业、敬业律师团队，给予工作团队和律师团队坚定支持、信任，积极参与协调、谈判甚至开庭，对案件的处理产生了良好效果。

四是及时以仲裁促进谈判。如果当事人不主动履行国际仲裁裁决，则需要申请相关国家法院承认并执行裁决，这对于实现仲裁目的有很大的不确定性。因此，要根据案情的发展变化，适时提出或接受对方谈判建议，尽量通过谈判达成和解，促成当事人如约履行和解协议，实现案结事了。

保全证据　加强沟通
以和解方式成功维权

——十建公司与内蒙古某公司建设工程施工合同纠纷案

【摘要】2017年1月，中石化第十建设有限公司（以下简称十建公司）以欠付工程款为由将业主内蒙古某公司起诉至内蒙古自治区高级人民法院，要求其支付工程款11916.85万元、利息1200万元，共计13116.85万元。2017年4月，在法庭主持下，双方签署《和解协议》，法院作出《民事调解书》予以确认。截至2019年6月底，十建公司共收回工程款10882.90万元，本案终结。

一、基本案情

2009年5月，十建公司与内蒙古某公司签订建设工程施工合同，承建内蒙古天然气项目。该项目一期合同额为33663.70万元，工程于2009年7月开工，2012年底交工，结算额为46427.20万元（业主未最终签字确认）。合同履行期间，十建公司累计收到工程款34510.30万元，尚欠11916.85万元。

2015年6月，十建公司成立项目纠纷处理工作组，统一负责维权工作。在进行初步尽职调查后，十建公司向总部法律部进行了书面汇报，本案由总部法律部统一协调处理（协调至2016年12月）。

2015 年 7 月，十建公司向业主发出《律师函》，要求业主在一周内对结算书进行确认，制订付款计划，并按时足额支付工程款，确保公司在将来诉讼中不因时效问题而丧失胜诉权。

2015 年 11 月，十建公司就作为本案关键证据之一的结算书原件向淄博市临淄公证处申请证据公证（结算书原件因结算需要已报送业主审核，十建公司多次试图取回均遭拒绝，后以十建公司领导离任审计为由向业主发函才借机取回，之后业主要求公司将结算书送回，为避免引起业主怀疑而又能保全证据，十建公司决定采取证据公证措施），并协调公证处委派 2 名公证员以公证送达的方式于 12 月初向业主交还了结算书，顺利完成证据公证工作。

2016 年 9 月和 10 月，十建公司连续召开专题会，对合同书及补充协议、竣工资料和结算资料等相关证据材料进行搜集、整理，积极推进诉前尽职调查工作。10 月，十建公司再次向业主发出《律师函》，敦促其履行付款义务。

2017 年 1 月，十建公司向内蒙古高院提起诉讼，要求被告支付工程款 11916.85 万元、利息 1200 万元，并承担诉讼费。

2017 年 3 月，被告方领导带队到十建公司，与十建公司领导进行面谈后，双方签署了《谅解备忘录》。之后，双方以《谅解备忘录》为基础，经过多轮磋商后，达成了《一系列工程合同和解协议》。

2017 年 4 月，在法庭主持下，双方签署《和解协议》，内蒙古高院做出《民事调解书》予以确认。按照《民事调解书》，被告自 2017 年 7 月起，分 6 期支付十建公司方工程款 1.11 亿元，十建公司方放弃利息 1200 万元，诉讼费减半收取（348821.25 元），由十建公司方承担。之后，被告分别于 2017 年、2018 年、2019 年向十建公司支付工程款 3000 万元、5000 万元、2882.90 万元，共计 10882.90 万元。至此，本案终结。

二、法律分析

本案虽标的额较大，但法律关系并不复杂，属于双方权利义务关系明确的建设工程施工合同纠纷案件。本案的关键点为对结算书原件的证据公证。

（一）相关法律条文分析

《民事诉讼法》第六十九条规定："经过法定程序公证证明的法律事实和文书，人民法院应当作为认定事实的根据，但有相反证据足以推翻公证证明的除外。"

本案中，十建公司依据上述条款，对结算书原件进行了证据公证，保全了关键证据，消除了证据瑕疵，为之后双方达成和解协议并得到法院确认奠定了坚实的基础。

（二）法院判决结果分析

本案以法院通过做出民事调解书确认双方达成的和解协议的方式结案。这得益于十建公司在诉前所做的尽职调查、发《律师函》、证据搜集、整理和公证等大量的前期准备工作，也得益于十建公司起诉后双方进行的多次沟通磋商，包括高层面谈、签署《谅解备忘录》等。

三、启示体会

1．加强组织领导，争取总部支持

因本案涉案标的额较大，为便于案件调处，十建公司成立了专门的纠纷处理工作组，加强统一领导，协调相关部门（单位）积极配合，对案件调处起到了重要的组织保障作用。同时，本案调处工作得到了总部法律部的大力支持，起到了重要的推动作用。

2. 及时发函，确保时效

在前期的调查工作中，十建公司向业主及时发出《律师函》，要求其对结算书进行确认，并制订付款计划，确保公司不因时效问题而丧失胜诉权。

3. 做好证据固化，保全关键证据

通过对本案证据材料的搜集、整理可以看出，在合同履行过程中，项目部重视对证据材料的固化和日常管理，基础工作比较扎实。同时，经过十建公司努力，对结算书原件进行了证据公证，保全了这一关键证据，为案件的顺利调处奠定了坚实的基础。

胜诉不易执行更难　3亿多本息终追回

——某建设工程总承包合同工程款纠纷案

【摘要】N公司与Y公司签订项目总承包合同，完成Y公司的合成氨尿素、净化岛等装置的设计、施工、采购、临设、开车服务等工程建设内容，项目中交后Y公司拖欠近3亿元工程款，并向N公司提出了包括工期在内的各类索赔1.8亿元。N工程公司通过协商、诉讼、仲裁、执行、谈判、和解等多种方式追要工程款，不仅拿回本金，还争取了利息，取得了良好的结果。

一、基本案情

2011年至2015年期间，N工程公司与Y公司共签订7份合同，N公司承担合成氨尿素、净化岛等装置的设计、施工、采购、临设、开车服务等工作内容，合同总金额近15亿元人民币。该项目2014年10月15日全部中交，2015年1月25日正式生产出合格产品，2015年11月19日通过性能考核，项目中交后Y公司拖欠工程款，到2016年5月Y公司仍拖欠近3亿元工程尾款。

2016年11月26日，双方签署结算《会议纪要》，确认项目最终结算金额。2017年7月，由于Y公司未及时履行《会议纪要》承诺，N公司按照合同约定分别提起诉讼和仲裁，同时提起财产保全，冻结Y公司银行账户。

2017年10月23日，双方在法院主持下达成庭内和解，法院出具《民事调解书》，确认了Y公司在本案中欠付N公司工程款2.7亿元，约定分20个月还款。

2018年1月，由于Y公司未按照约定付款，N公司向法院申请强制执行。

2018年7月双方在法院主持下签署《执行和解协议》，此和解协议要求Y公司应当在10日内以现金方式支付7月前应付款项，之后的付款也应当以现金方式支付，并保证按期兑付之前支付的远期承兑汇票。

2018年10月29日，由于Y公司再次违约，N公司申请恢复强制执行，进一步加大执行力度，申请法院直接扣划了Y公司银行账户资金，截至2019年5月27日，N公司收回全部本金部分2.7亿元。

2019年7月23日，双方在法院的主持下再次达成执行和解协议，该和解协议要求Y公司在2019年9月30日前支付包括利息在内的剩余款项，否则支付20%的违约金，并且每逾期1日按日万分之五支付逾期利息，同时执行法院冻结对方相应金额的银行账户资金，给对方施加压力，迫使对方按期还款。

2019年9月30日，Y公司按照执行和解协议向N工程公司支付所有剩余款项，至此本案工程款本息全部回收结案。

二、法律分析

（一）结算阶段

本案中N公司向Y公司索要工程款，Y公司虽然承认存在未支付款项，但是提出了工期等违约索赔，导致了双方关于结算的具体金额发生分歧，如果需要在诉讼程序中确定结算金额，则需要具体分析工期延长的原因，提交严密的支撑证据，且大型工程项目执行时间长，干系人多，资料庞杂，工作界面交错，很难界定责任，如果委托第三方鉴定，则需要较长的鉴定时间，支出一大笔鉴定费用，同时增加不可控因素，不利于N公司快速收款目的的实现。另外，合同约定对Y公司迟延支付工程款的违约惩罚只有同期银行贷款利率，长期不确定的结算价款将导致N公司大量现金流财务损失。所以在本案中，确定工程结算金额是快速有效解决纠纷的一项重要条件。

在Y公司拖延支付工程款，消极处理结算谈判的情况下，为能够尽快就结算金额达成一致，N公司聘请专业律师多次通过律师函催款，阐述催款的依据和理由，明确不及时付款将引发的诉讼结果，并且一式多份抄送给Y公司股东及相关高层领导，引起Y公司集团公司的关注，积极促成结算谈判，最终签署结算《会议纪要》，确定结算款。

（二）诉讼阶段

本案中原告N公司以《合同法》为基本依据要求被告Y公司按照合同约定支付工程价款，并有最终结算的《会议纪要》为依据，工程款金额确定，未支付总金额比较清晰。但是由于本项目各装置各自签订合同，双方在收付款时未对应合同，无法区分每份合同的欠款金额，并且不同合同约定了不同的争议解决方式，有的约定诉讼，有的约定仲裁，诉讼和仲裁的管辖地也各有不同。

为尽量减少涉诉合同数量，减少诉累，提高案件一次性解决的机会，N公司对付款内容进行整合，先提起诉讼，后提起仲裁，同时采取财产保全措施，冻结Y公司银行存款，查封土地等资产，给

Y 公司形成压力，使 Y 公司有最短时间内一次性解决争议的迫切需要，最终在法院的主持下达成和解，形成具有执行效力的《民事调解书》。

（三）执行阶段

《民事诉讼法》第 242 条规定，“被执行人未按执行通知履行法律文书确定的义务，人民法院有权根据不同情形扣押、冻结、划拨、变价被执行人的财产”。N 公司向法院申请了对 Y 公司列入失信名单、查封冻结基本账户、限制高消费等强制执行措施。在 Y 公司未及时履行时请求法院直接从 Y 公司银行账户划拨相应的款项，也得到了法院的支持，提高执行效率。

《民事诉讼法》第 253 条规定，“被执行人未按判决、裁定和其他法律文书指定的期间履行非金钱给付义务的，无论是否已给申请执行人造成损失，都应当支付迟延履行金”。除了申请工程款本金的执行外，N 公司还积极向法院申请要求 Y 公司支付相应的迟延履行金，提交具体的利息及延迟履行金计算方法和计算结果，为法院执行提供便利。

《最高人民法院关于高级人民法院统一管理执行工作若干问题的规定》第 8 条规定，“高级人民法院对本院及下级人民法院的执行案件，认为需要指定执行的，可以裁定指定执行”。本案为高级人民法院一审的案件，一般由高院指定当地中院执行，由于 Y 公司为当地具有相当影响力的公司，经过与法院的沟通，最终由 Y 公司住所地的异地法院作为执行法院，有效避免干扰。

三、启示体会

本案是一项典型的工程建设合同中工程承包企业向业主索要工

程款的案件，主要目的是尽快得到欠款，回笼资金。案件处理中有几点体会，值得总结借鉴：

（1）公司重大纠纷案件，法律关系错综复杂，涉及人员多，强有力的组织保障是关键，法律人员尽早介入也能够提早做好证据收集和起诉准备。必须全面梳理案情，做好尽职调查，制定策略，谋定后动。在摸清对方资产、资金状况的基础上，分析可能出现的困难，制订工作方案和总体步骤，重大决策向公司领导和集团公司汇报审议通过后实施。

（2）必须按照合同规定的时间和要求进行变更和索赔，并保存完整的证据，以在结算乃至诉讼时占有优势地位。

（3）工程项目结算是重中之重。石油石化工程项目通常具有投资大、周期长、界面复杂、突发情况多等特点，尽早的与业主达成结算，确定工程量和价款，对今后索要工程欠款提供强有力的依据。

（4）在债权清收类的纠纷中，应当特别注重生效判决（或裁定）之后的执行，特别是分期付款的协议中，关注每一期的付款情况，及时向执行法院反馈。要关注执行阶段对方的资金动向，防止对方转移财产，利用对方融资、贷款等需要，在合理、合适的时间果断提出执行要求，必要时将对方法定代表人等列为失信被执行人，限制高消费、限制出入境等，向对方全面施加压力，达到迅速清欠的目的。

（5）合理利用诉讼技巧。选择最佳的管辖法院，包括诉讼的管辖以及执行的管辖。工程项目的业主往往是当地的大型企业，在当地有一定的影响力，尽量避开当地法院，对案件的公平、高效办理起到积极的作用。另外需要善用保全措施，在起诉的同时提交财产保全申请，冻结对方的银行账户，主要包括对方公司基本账户

（一般为员工工资发放账户，可以通过法院、社保信息查询）以及重要资金往来账户，查封对方的资产、设备、股权等，防止对方资产转移，同时也可能给对方融资方面造成影响，促成对方积极主动还款。

巧诉讼 促和谈

——A公司工程款纠纷案

【摘要】A公司与B公司签订建设工程合同，合同履行过程中，B公司因资金问题，导致项目多次停工，并寻找各种理由拒绝对已完工程结算的认可。A公司向法院提起诉讼，维护权利，且依法合规改变利息计算方法，成功将该案件管辖权移至高院。B公司为了降低社会影响，主动与A公司和谈，双方签订和解协议，对涉案工程结算值、付款进度、利息承担等进行了约定。目前该案件所涉工程款已全部收回。

一、基本案情

2009年6月，A公司与B公司签订《建筑安装工程施工合同》，合同金额为15000万元。2014年12月，B公司委托某工程管理有限公司对一期项目进行工程造价审核，审定造价为37461.66万元。2015年11月，A公司与B公司签订补充协议，明确一期合同总额为37030.43万元，B公司按照上述金额60%向A公司支付工程款。协议生效后，B公司并没有按照双方签订的协议进行付款及结算，仅在2016年春节前向A公司支付478.49万元。A公司多次与其沟通，B公司均以资金困难为由拒绝了支付要求。

A公司为了维护合法权益，降低资金回收风险，于2016年11

月向项目所在地高级人民法院提起诉讼，要求法院判令被告向原告支付工程款、利息损失并承担本案诉讼费。因B公司为大型国有公司，为了降低社会影响，B公司总部高层主动联系A公司，请求和解。2017年2月，双方进行和谈，对应承担的违约责任、结算时间、结算金额、如何付款、利息计算、利息承担、诉讼费、律师费进行了多轮谈判。A公司谈判小组抓住B公司急于和谈的心理，以利息承担作为谈判筹码，迫使B公司在付款比例、诉讼费及律师费承担、和解后未付款违约责任等方面做出让步，最终B公司同意在2017年11月30日前付清一期项目所有的欠款及其应承担的诉讼费、律师费。A公司谈判人员趁热打铁，要求B公司一并解决二期工程款的支付，迫于诉讼压力，B公司同意与A公司签订二期工程付款协议，并于2018年6月30日前付清二期所有工程款。2017年2月15日，高院做出民事调解书，确认本工程结算金额合计为37461.660911万元；确认B公司在2017年11月30日之前向A公司付清6584.32万元一期工程欠款；在2017年3月30日之前支付A公司已预付的诉讼费及A公司委托的律师费；A公司放弃本案逾期付款利息损失34783294.21元。如B公司未按上述约定执行，其除应向A公司支付6584.32万元欠款外，还需向A公司支付利息损失34783294.21元。截至2017年11月30日，A公司累计收到B公司支付欠款现金18703186.33元，承兑汇票47140000元，合计65843186.33元，与和解协议约定的金额相差13.67元。

2018年6月，A公司向法院申请强制执行，要求B公司支付尚未支付的13.67元及因其未完全履行调解书应承担的34783294.21元利息。同时，A公司向法院提出诉讼申请，要求B公司支付二期工程款13076.91万元并承担相应的利息。2019年1月，A公司为了促使二期结算与款项回收顺利进行，将一期执行与二期诉讼合并谈判，形成二期和解协议，充分维护了公司的合法权益，收到良好的经济效益。

二、法律分析

该案件是一起典型的建设工程合同纠纷案，法律关系不复杂，涉及的焦点问题也是建设工程普遍存在的质量是否存在问题、工程是否移交业主、是否完成结算、是否存在工期违约、是否存在违法分包转包、利息主张是否合法等。该案件法律分析如下：

（1）该项目在执行过程中，因 B 公司资金紧张，项目处于停建状态，A 公司就完成部分向业主递交了中交通知书，未完成部分，派专有人员进行看管。虽未进行全部移交，但未移交责任是由业主原因造成。

（2）根据双方签订的《施工合同》专用条款第 35.1 条“发包人收到承包人递交的竣工结算报告及结算资料 28 天内进行核实，给予确认或者提出修改意见”。A 公司于 2015 年 1 月 27 日完成本工程结算书，随后经监理单位、B 公司委托的造价咨询单位和 B 公司工程部负责人审核，并在结算书上进行了盖章或签字，由此可以充分证明，该项目结算工作已完成，B 公司认为该份结算书为初审是毫无法律及事实依据的。

（3）依据双方签订的《施工合同》37.2 条约定，若因承包人原因导致工期延误，应承担合同额 1%—10% 的工期延误违约金。该项目工期延误长达 14 个月，A 公司极有可能承担工期延误违约金。A 公司专案组仔细研究项目执行过程中的会议纪要、往来函件、签证单等，终于在复杂繁多的项目执行资料中搜集到业主发送关于延迟开工、延迟供货、延期提供图纸、资金困难暂停施工的函件或签证单，至此，A 公司承担工期延误违约责任解除。

（4）根据双方签订的《施工合同》专用条款第39.1条“如发现承包人把工程分包给其他施工单位，发包人有权对承包人扣除分包工程总价5%的违约金，并立即解除与承包人的合同”。涉案工程B公司作为工程建设单位，全过程参与了项目管理工作，在长达3年多的施工期间，以及本工程竣工4年后，B公司均没有向A公司就分包违约主张过任何权利，已超过两年诉讼时效。且专案组成员搜集到A公司分包单位C公司获B公司颁发的优秀承包商荣誉称号。由此可以判断，B公司已默认A公司将该项工程的部分工程分包给C公司。因此，A公司不存在违法分包转包情形。

（5）利息计算是本案的一个亮点。为了排除地方保护，专案组成员搜集了最高院、中国人民银行关于逾期利息的相关规定，将利息调整到1.5倍，成功将该案件转移到高院管辖。但根据双方签订的《施工合同》专用条款第35.2条“发包人不支付延期付款的逾期付款利息及违约金、赔偿金”，A公司向B公司主张逾期付款利息几乎为不可能。专案组反复研读合同文本，通过条款中对“延期付款”的相关约定找到了突破口：双方签订的《施工合同》专用条款第26.4条“发包人超过约定的支付时间不支付工程款（进度款），承包人可向发包人发出要求付款的通知，发包人收到承包人通知后仍不能按要求付款，可与承包人协商解决，经承包人同意后可延期支付”。可见，延期付款的先决条件是“经承包人同意”，而涉案工程合同履行过程中，A公司从未同意B公司延期付款。第35.2条约定的“发包人不支付延期付款的逾期付款利息及违约金、赔偿金”是指不支付“延期付款”的逾期付款利息及违约金、赔偿金。因此，B公司应支付A公司逾期付款利息。

（6）小数字，大作用。由于B公司未履行和解协议中向A公司支付二期工程进度款的义务，为促使B公司二期项目结算及付款顺利进行，专案组成员认真研究双方签订的合同条款，仔细核对每一笔款项，最终发现B公司尚欠A公司一期工程款13.67元未付。A公司向法院申请强制执行，要求B公司支付尚未支付的13.67元及因其未完全履行调解书应承担的巨额利息，以此来促使涉案项目二期工程的和谈，并为最终成功和谈增添了胜算筹码。

三、启示体会

1. 项目实施过程中，证据保全非常重要

该案件中，项目部在合同履行过程中，保存了大量的会议纪要、往来邮件、往来函件、签证单等，对后期案件双方谈判起到了至关重要的作用。

2. 加强项目管理，及时做好风险防控

在业主多次未及时足额支付工程款时，项目部及时作出反应，发送催款函，若仍未达到效果，可暂停施工，撤离现场，降低成本。

3. 案件处理过程中，法律人员与专业技术人员配合非常重要

因该案件涉及工程项目的竣工、结算及质量问题，这就需要项目的技术、经营人员进行配合，提出专业性的处理意见及方法。该案件专案组成员多次召开专业讨论会，制定应对措施，维护公司的合法权益。

及时保全　有效抗辩
最大限度维护自身合法权益

——某建设工程施工合同纠纷案

【摘要】 2018 年 7 月，A 公司以欠付工程款为由将业主 B 公司起诉至锦州市太和区人民法院，要求其支付工程款 708 万元及利息，并申请法院采取诉讼保全措施，查封被告银行存款 818 万元。本案于 2019 年 11 月胜诉，A 公司收回工程款及利息共计 853 万元。

一、基本案情

2012 年 5 月，A 公司与被告 B 公司签订建设工程施工合同，承建锦州港油品罐区 3 台储罐及钢筋混凝土基础底板。合同签订后，A 公司依约履行了全部合同义务，工程竣工并完成结算，结算额为 11725 万元。截至案发前，B 公司累计支付 A 公司工程款 11017 万元，尚欠工程款 708 万元。

2018 年 7 月，A 公司向太和法院提起诉讼。8 月，被告向法院提出管辖权异议，认为本案应由海事法院审理，请求将本案移送至大连海事法院。9 月，太和法院做出一审裁定，驳回被告的管辖权异议申请。被告不服，向锦州中院提出上诉。2019 年 5 月上旬，锦州中院做出二审裁定，将本案移送大连海事法院。

2019 年 5 月底，A 公司重新向大连海事法院提起诉讼。7 月初，A 公司另行向大连海事法院申请采取诉讼保全措施，对 B 公司账户进行了二次查封。7 月下旬，A 公司又向太和法院申请撤销了原诉讼保全裁定。至此，案件移送工作全部完成。

2019 年 10 月，本案在大连海事法院锦州法庭开庭审理。11 月，大连海事法院做出一审判决，要求被告在判决生效后 10 日内向我方支付工程款 708 万元及利息。12 月，被告履行了全部给付义务，我方收回工程款及利息共计 853 万元。

二、法律分析

首先，本案涉及诉讼管辖问题。A 公司起诉后，被告以太和法院受理违反专属管辖为由提出管辖权异议，请求将本案移送至大连海事法院，被太和法院一审驳回后又上诉，锦州中院二审支持了被告的上诉请求。从被告的表现可以看出，其提出管辖权异议旨在拖延时间，以达到不支付工程款利息、不承担诉讼费和保全费用的目的。

其次，本案涉及合同履行抗辩权和违约损害赔偿请求权的正确行使问题。对于业主欠付承包商工程款的纠纷，业主一般会以工期延误或工程质量存在瑕疵为由进行抗辩。本案中，被告主张工程款已付清，后续工程款因 A 公司原因导致工期延误而不再支付，并以 A 公司施工存在质量问题为由主张不再返还质保金。但在合同履行过程中，被告并未按合同约定就工期延误和质量瑕疵问题向 A 公司发出索赔意向，即未正确行使合同履行抗辩权，从而使其违约损害赔偿请求权也不能得到法院支持。

（一）相关法律条文分析

《最高人民法院关于审理建设工程施工合同纠纷案件适用法律问

题的解释（二）》第七条规定：“发包人以建设工程质量不符合合同约定或者法律规定为由，就承包人支付违约金或者赔偿修理、返工、改建的合理费用，需要在本案中提起反诉或者另行提起反诉。”

本案中，被告以 A 公司施工存在质量问题为由主张不再返还 A 公司质保金，系要求 A 公司承担质量瑕疵的违约责任，但被告没有证据证明其向 A 公司主张过，也未以此为由在本案中提起反诉或者另行提起反诉。

（二）法院判决结果分析

从 A 公司胜诉的角度可以看出，首先，在工程交工后被告继续向 A 公司付款的行为，表明逾期交工系其自身原因所致，与其要求 A 公司承担工期违约责任的主张自相矛盾；其次，被告以 A 公司施工存在质量问题为由主张不再返还 A 公司质保金，然而，被告既未在合同履行过程中向 A 公司发出索赔意向，也未在工程交工后提起过诉讼，且自工程交工时（2013 年）起算至 A 公司起诉时（2018 年），已超过 3 年的诉讼时效，即使被告提出损害赔偿的诉讼请求，在 A 公司提出时效抗辩的情况下，也不会得到法院支持。

三、启示体会

从 B 公司败诉的角度，该案启示我们，无论是基于合同法的规定行使合同履行抗辩权，还是基于合同约定的期间和程序进行索赔，都须在合同履行阶段及时进行。只有在合同履行阶段正确行使履行抗辩权，并及时固化相关证据，才能有助于在诉讼中行使违约损害赔偿请求权。否则，权利可能会因证据未得到及时固化、超过诉讼时效等而不能有效行使。

施工结算应及时　回收欠款讲策略

——某建设工程施工合同纠纷案

【摘要】A公司与原告B公司于2009年6月17日签订了建设工程施工专业分包合同，原告系分包人，是天津渤海化工有限责任公司指定参与工程建设的分包单位，A公司系承包人，天津渤海化工有限责任公司天津碱厂系发包人。分包合同采用固定单价（包工包料）的承包方式，合同签订后，原告依约履行，全部如期完工。原告认为尚拖欠其15561948元，2018年11月向天津市第二中级人民法院提起诉讼。A公司接收到法院文书后，以此为契机积极向业主单位天津渤海化工有限责任公司进行沟通，并阐明利害关系，最终成功回收工程款4700余万元及500余万利息并承担本次诉讼费用，A公司在成功回收工程尾款的同时无任何损失。

一、基本案情

A公司自天津渤海化工有限责任公司天津碱厂承包天碱搬迁改造工程，B公司与A公司于2009年6月17日签订了天碱搬迁改造工程合成氨项目设备管道防腐工程的《建设工程施工专业分包合同》（以下简称合同），合同第二条约定合同价款为190万元，实际合同总价以竣工结算为准、合同专用条款21.2约定“承包人向分包人支付工程款（进度款）的时间和方式：分包人月完成工程进度必须按承包人要求的时间和格式上报。承包人有关部门及时审核会签，扣除当月分包人领用承包人的材料、机械和施工用水、电费用后，结合分包工程对应的发包人付款比例支付。支付进度款时分包人应按应付款额开具发票，工程款拨付累计不得超过已完工程应付价款的80%。在工程竣工验收、办理完分包结算后，工程款拨付累计不得超过已完工程应付价款的90%，工程保修期满后，付清尾款。”合同专用条款25.2约定保修期为3年。合同专用条款25.4约定“承包人应在保修期满后30天内结算质保金，质保金金额工程造价的5%”合同专用条款26.1（1）约定“本合同通用条款第24.2款约定的承包人违约应承担的违约责任：工程承包人不按约定支付分包人工程竣工结算价款，应按分包人同期向银行借贷款利率向分包人支付拖欠工程款的利息。”后B公司、A公司又分别于2010年5月30日、2011年7月3日、2012年11月26日、2013年11月5日签订了4份补充协议，合同价款分别为610万元、500万元、1300万元和150万元，合同签订后，B公司按约定施工，工程竣工后双方进行了结算，2013年8月8日和2013年8月28日分包工程预（结）算书确认的结算金额分别为433692元和26628256元，合计27061948元。工程施工和竣工后，A公司陆续向B公司付款，双方共同确认涉案工程竣工验收时间为2010年10月30日。法院审理期间，双方对结算金额27061948元和欠付工程款数额15561948元并无异议，根据合同专用条款26.1（1）的约定，A公司未按约定支付工程款时B公司可以主张利息，B公司在本案中依照中国人民银行同期同档贷款基准利率主张工程款利息符合合同约定和法律规定。

原告诉讼请求：判令被告支付工程款1556.19万元及利息912.03万元。法院判决结果：判令被告向原告支付工程款1556.19万元及利息。

二、法律分析

这是一起A公司与分包单位发生的建设工程施工合同纠纷，工程完工后履行付款义务是A公司的法定义务，未及时履行应承担违约责任。虽然合同是有相对性的，但考虑分包单位为业主指定，业主单位未能及时向A公司支付工程尾款，A公司亦未支付分包单位工程尾款。看似A公司对分包单位构成违约，实则是防范业主对A公司拖欠工程尾款的应对措施。通过此次诉讼契机，A公司向业主单位成功回收工程尾款及利息，本案中A公司无任何经济损失。

三、启示体会

（1）建设工程领域业主具有强势地位，一旦与业主的纠纷上升到诉讼层面势必影响后续市场的保有和开拓。能协商解决的，尽可能不采取诉讼手段。

（2）在施工过程中应积极与业主进行工程结算，保有完整证据资料；并及时与分包单位进行结算，避免结算不及时，从而造成纠纷诉讼的解决难度。

（3）应利用分包商提起诉讼作为向业主单位进行沟通催款的契机，要求业主单位及时支付工程尾款，并承担本次诉讼的一切费用。否则，A公司也只能向业主单位提起诉讼主张权利。

本次案件是一个很好的先例，原告是业主指定的分包单位参与施工，业主单位支付工程尾款不及时，A公司也未支付原告工程款，原告提起诉讼。A公司利用本次诉讼作为契机与业主单位沟通，最终不但成功回收了全部工程尾款和逾期利息，业主单位也承担了诉讼费用。本案A公司在无任何损失的前提下成功回收工程款并顺利结案，以后遇到类似案件可以借鉴本案的处理方式解决类似的纠纷。

锲而不舍坚持追债　电子证据接续时效

——A公司诉B公司合同纠纷案

【摘要】A公司于2013年为B公司提供吊装服务。工作内容完成后，B公司仅支付合同价款185万元，以各种理由拖欠、拒付剩余7万元。A公司持续追讨，最终通过法院诉讼、商事仲裁取得胜诉，并于胜诉后申请法院强制执行挽回了损失。

一、基本案情

2013年4月29日，A公司与B公司签订《某铁路钢箱梁吊装工程承包合同》，约定由A公司承担B公司发包的某铁路钢箱梁吊装，合同固定价款192万元，B公司在吊装完毕后支付给A公司。合同同时约定，如“甲方（B公司）不能及时付清工程款，每天按所欠工程款的1‰计取费用”，并约定由工程所在地仲裁机构解决争议。

合同签订后，A公司按约履行完毕，B公司向A公司支付了合同价款185万元，但长期拖欠剩余7万元。A公司指定专人，多年坚持以到访、发信、打电话等方式催款。B公司先以日付款拖延，后以需要扣除检测费为由拒绝。A公司起诉至法院后，B公司又提出管辖权异议；A公司改向施工地仲裁机构提起仲裁后，B公司又提出时效问题、检测费问题；仲裁裁决作出后，不主动履行确定义务，迫使A公司申请法院执行。最终通过法院执行到裁决确定的欠款和违约金。

二、法律分析

（1）管辖问题。本案当事人在合同中约定由工程所在地仲裁机构解决争议，没有明确约定仲裁机构名称。涉案合同是一个铁路工程吊装服务合同，因此施工地不太明确。考虑到原被告均在南京市，A公司向被告所在地的南京基层法院起诉。法院受理后，采纳被告提出的管辖权异议理由驳回起诉。因此，A公司只能向施工所在地仲裁委员会提起仲裁。

（2）时效问题。涉案合同2013年4月29日签订，2013年7月9日结算；2015年3月1日收到B公司最近一笔付款40万元。而A公司起诉时间为2018年11月。因此，如不能证明2015年8月与2018年11月之间存在时效接续的事实，即使考虑3年的诉讼时效，A公司也将丧失本案胜诉权。经查找，A公司发现其负责人曾向B公司负责人多次发手机短信要求付款，而B公司负责人于2016年12月9日回短信“别急，快了”。鉴于该负责人到庭应诉，A公司也安排其负责人携带载有该短信的手机到庭应诉。双方接受了仲裁庭询问。仲裁庭最终结果采纳了A公司的证据，认定时效中断。

（3）实体问题。仲裁过程中，B公司又提出了为A公司垫付检测费的辩解。但是此类检测费既不在合同文本约定之中，在吊装过程中、合同结算时也未向A公司主张，而是在A公司多次追索后才提出，且没有任何相关证据。因此，B公司该辩解未得到仲裁庭支持。

（4）违约金。A公司提出应执行合同约定，每天按所欠工程款的1‰的标准计取违约金。由于合同约定已经超过24%的年息，仲裁庭认为约定违约金比例过高，遂行使裁量权酌定为年息6%。

三、启示体会

1. 锲而不舍坚持追债

本案标的额虽小，但是A公司仍然落实了领导责任和经办人责任，年复一年坚持追索，通过到访、发信、打电话等方式催收，直到移交法律部门，配合提起诉讼、仲裁、申请强制执行。

2. 善于保存利用证据

本案最为关键之处是A公司保留了证明时效中断的双方往来手机短信；而仲裁庭也采信了该证据。2019年12月，最高人民法院公布了修改后的《关于民事诉讼证据的若干规定》，对电子数据的审查判断规则予以明确。因此，企业要更加慎重对待、多学、善用电子数据证据。本案的不足之处，是对于此类双方合作关系浅、债务人赖账意图明显的债权，应当及时考虑诉讼手段，不应等到存在时效中断的风险才启动法律程序。

主动出击依法维权
巨额工程合同债权终确认

——A公司某项目系列仲裁案

【摘要】 2020年5月中旬，中国国际经济贸易仲裁委员会送达裁决书，对A公司与B公司之间的总承包合同争议案做出裁决。至此，该项目系列仲裁案件，以A公司取得基本完全胜诉结案。A公司主动出击，依法维权，完全实现了预期仲裁目标，不仅取得了良好效果，也对妥善处理建设工程项目较为常见的拖欠合同款、不予确认工程签证、工期变更难等问题提供了参考和借鉴，为不断提升项目管理水平、落实好防范化解重大风险攻坚战积累了丰富经验。

一、案情简介

2012年6月以来，A公司先后与B公司签订了甲醇制烯烃项目工程设计、技术许可、技术咨询、总承包共4份合同。按照合同约定，A公司完成了相关合同义务，项目装置于2016年年底前陆续成功开车并生产出合格产品，但B公司一直未支付剩余合同金额共计人民币9.7292亿元，另有约人民币6000万元的合同外工作和工程变更费用未予确认。对于上述合同内欠款和合同外费用，A公司经与B公司多次沟通协商仍无任何进展。

为加强欠款法律催收工作，A 公司成立了专项工作组，通过招标确定了代理律所，在总部仲裁工作专家组的指导下制定了分阶段开展仲裁工作的总体策略。经过前期评估，A 公司于 2018 年 11 月向中国国际经济贸易仲裁委员会（以下简称“贸仲”）递交仲裁申请和财产保全申请。2019 年初，贸仲对四案争议分别立案受理。经过多方努力，A 公司完成对 B 公司的诉前财产保全。B 公司也向贸仲提交了工期延期损害赔偿、工程质量缺陷整改等仲裁反请求。

案件开庭审理前，在仲裁工作专家组的指导下，A 公司专项工作组与代理律所详细研究对方仲裁反请求，深度挖掘案件证据，反复论证、不断完善代理意见、答辩意见等法律文书，并根据 B 公司仲裁反请求调整 A 公司仲裁请求。在开庭前夕，仲裁工作专家组精心筹划，邀请知名专家组织模拟庭审，查漏补缺，为案件庭审的顺利进行奠定了坚实的基础。2019 年 6 月初，贸仲对四案进行了开庭审理。庭审结束后，在仲裁工作专家组的指导下及时对总承包合同争议案的庭审情况进行复盘分析，有针对性地补充证据补强薄弱环节。2019 年 9 月中旬，总承包合同争议案进行第二次开庭审理，对 A 公司变更的仲裁请求进行了审理，A 公司的专家证人出庭对工期延期发表了专家意见。庭审结束后，A 公司根据庭审情况针对性地进行了证据补充，并提交了案件代理意见、答辩意见和质证意见。

自 2019 年底至 2020 年 5 月中旬，贸仲陆续出具四案仲裁裁决，A 公司在四案中的仲裁请求基本得到全部支持，占其仲裁请求金额的 91.46%，B 公司的仲裁反请求几乎全部被驳回，支持金额仅占其仲裁反请求的 2.1%。

二、法律分析

A 公司以主要合同义务已完成，合同付款条件已成就要求 B 公司支付剩余合同款项和工程变更费用，并要求解除涉案总承包合同和主张建设工程价款优先受偿权。B公司以涉案工程存在延期和质量缺陷，要求B公司承担工期延期损害赔偿金和缺陷整改费用，因此本案主要涉及《合同法》《最高人民法院关于审理建设工程施工合同纠纷案件适用法律问题的解释（二）》[以下简称《施工合同司法解释（二）》]，涉案合同和上述法律、司法解释是双方请求权的基础所在。本案的争议焦点在于：①涉案合同支付条件是否已成就；②工期是否延误、工期索赔是否逾期失权；③工程变更是否属于涉案总承包合同内工作；④优先受偿权是否逾期行权；⑤合同解除条件是否成就。

（一）相关法律条文

1.《合同法》

第八条规定：依法成立的合同，对当事人具有法律约束力。当事人应当按照约定履行自己的义务，不得擅自变更或者解除合同。依法成立的合同，受法律保护。第九十四条规定：有下列情形之一的，当事人可以解除合同:（一）因不可抗力致使不能实现合同目的；（二）在履行期限届满之前，当事人一方明确表示或者以自己的行为表明不履行主要债务；（三）当事人一方迟延履行主要债务，经催告后在合理期限内仍未履行；（四）当事人一方迟延履行债务或者有其他违约行为致使不能实现合同目的；（五）法律规定的其他情形。第二百八十六条规定：发包人未按照约定支付价款的，承包人可以催告发包人在合理期限内支付价款。发包人逾期不支付的，除按照建设工程的性质不宜折价、拍卖的以外，承包人可以与发包人协议将该工程折价，也可以申请人民法院将该工程依法拍卖。建设工程的价款就该工程折价或者拍卖的价款优先受偿。

2.《施工合同司法解释（二）》

第八条第一款规定：有下列情形之一，承包人请求发包人返还工程质量保证金的，人民法院应予支持：（一）当事人约定的工程质量保证金返还期限届满。第十九条规定：建设工程质量合格，承包人请求其承建工程的价款就工程折价或者拍卖的价款优先受偿的，人民法院应予支持。第二十二条规定：承包人行使建设工程价款优先受偿权的期限为6个月，自发包人应当给付建设工程价款之日起算。

根据《合同法》及其司法解释，B公司应当按照合同约定履行付款义务，在B公司迟延履行付款义务的情形下，A公司有权请求解除合同。在合同约定的工程质量保证金返还期限届满时，A公司请求支付质量保证金应予支持。A公司行使建设工程价款优先受偿权的期限为6个月，自B公司应当给付建设工程价款之日起算。合同约定建设工程价款为分阶段支付，建设工程优先权的行使期限应当自合同约定的最后一期工程款的支付期限届满之日起算。

（二）裁决结果分析

梳理总承包合同争议案的仲裁裁决，仲裁庭基于事实和法律分析做出以下结论：

（1）涉案项目已经完成中间交接并产出合格产品，剩余工作仅是性能考核和竣工验收，根据合同约定进度款的支付条件已成就，质量保证金的返还期限与质量保证期是否届满无关，在合同约定的质量保证期届满的情况下，B公司应当向A公司支付质量保证金，因此，除特定结算款之外的其余合同款项均已满足支付条件；

（2）根据A公司的工期延期申请和嗣后签署的会议纪要，应认为在事实上双方对于工期顺延和新工期达成了合意，B公司也未在合同约定的期限内向A公司提出工期索赔，应视为丧失了工期索赔的权利；

（3）根据合同约定和相关行业规范，场地整平应属于B公司的合同义务，且在项目建设过程中该部分工作均是按照变更鉴证处理，变更鉴证也得到监理的签字确认，相关请求应予支持；

（4）建设工程价款优先受偿权的行使期限问题，按照诉讼时效制度的相关司法解释，债务分期履行的，以最后一期履行期限届满之日计算诉讼时效，B公司向A公司请求支付的最后一笔款项，即涉案工程质保金的支付节点尚未到期，因而A公司行使该权利并未超过6个月，符合法律规定；

（5）判断涉案合同约定的解除条件是否成就，还应当看违约方的违约程度是否构成根本违约，是否影响守约方合同目的的实现，在A公司合同实体任务已经全部完成的情况下，B公司长期欠付巨额合同价款，已然构成根本性违约，无论根据法定解除权还是约定解除权，A公司请求解除合同都应被支持。

三、启示体会

1. 上下联动，充分发挥各方优势

纠纷处置集合了各方面的专业人才，总部层面协调各方优质资源组成仲裁工作专家组负责把握方向大局，企业层面成立专案工作组负责证据搜集等基础工作，上下联动、密切配合形成合力，充分发挥各方优势作用，为纠纷处理提供强大的组织和人员保障。

2. 根据案情变化，适时调整策略

在纠纷处理过程中要加强对案情的密切关注和研判，准确分析能够依法维权、定纷止争的关键诉求，把握案件走向，同时重视研究对手的法律文书，有针对性地调整诉求，为裁判机构利益平衡留下充足的空间。

3. 重视庭审过程，针对性地补充证据

庭前组织模拟庭审，庭审后及时进行复盘分析，根据庭审记录及时查找证据上的薄弱环节，有针对性地搜集、补强证据，为案件最终胜诉打下了牢固的基础。

4. 合同是执行项目的准则

要增强项目执行人员的合同意识，不仅要严格履行自身义务，更要明白享有的合同权利尤其是程序性权利。在发生合同变更、违约索赔等事件时，应及时按照合同约定期限提出权利主张，避免造成逾期失权的严重后果；在相对方违反义务或怠于履行合同义务时，要及时发出书面通知予以提醒并告知相应后果。

5. 不断提高项目管理水平，注重保存项目执行过程资料

证据是纠纷处理过程中最有力的武器，正是得益于项目团队将项目执行中各个环节涉及的问题形成书面资料，案涉项目在纠纷处理过程中提供了大量信函、签证单、会议纪要、邮件等关键资料，为案件证据的编制提供了翔实的基础。

贸易购销类案件

相对人审核要重视　合同诈骗须警惕

——化销某区域公司橡塑合同诈骗案

【摘要】2013年9月13日，化工销售某区域有限公司（以下简称化销某区域公司）发生了一起合同诈骗案。该案自发案至法院做出刑事终审判决，时间长达5年半。案件涉及犯罪人数众多，刑事案件和民事纠纷重叠交叉，案情十分复杂。目前刑事案件已经结案，除主犯陈某在逃外，其他包括原化销某区域公司员工杨某在内的6名案犯均以合同诈骗罪被追究刑事责任。

一、基本案情及处理过程

2013年9月12日，广州保税区某仓库及某保税库因西安某公司与某银行间的经济纠纷，被陕西省高级人民法院查封。因化销某区域公司在这两个库内存有大量橡胶、塑料产品，派人查证后发现两地的保税库内保税产品数量与仓库记录严重不符，大量产品不见去向。2013年9月13日，化销某区域公司向化工销售公司报告，其从事的橡塑产品保税业务可能涉嫌商业诈骗案件，化销某区域公司员工杨某参与其中。

本案为主犯陈某策划，伙同杨某，让其控制的供应商及客户进入化销某区域公司和化销另一区域公司营销网络，同时串通物流及仓储方，伪造无实际货物支撑的相关单证，让化销某区域公司认为货权已经发生转移，以此通过“走空单”方式，形成贸易链条，从中骗取化销某区域公司资金。在骗取化销某区域公司资金的过程中，案犯还吸引部分中间代理商进入贸易链条，并给贸易链条中的每家公司（包括该化销某区域公司），留有一定利润，以达到增加隐蔽性、一单多卖等目的。后因资金链断裂案发，陈某等人潜逃。

2013 年 9 月 26 日，集团公司党组主要领导听取案件情况汇报后高度重视，协调中央政法委、公安部等机关，使该案得到公安部重视并确定为“10·16”案件。根据集团公司要求，化工销售、法律部、监察局、新闻办等组成专项工作组，采取各种手段和措施，尽最大努力挽回损失。具体情况如下：

1. 刑事部分处理方面

前期立案侦查阶段，化工销售公司全力配合公安机关侦破案件，抓获案犯。除主要案犯陈某在逃外，杨某迫于压力投案自首，其余涉案人员已被抓捕归案。

后期刑事诉讼阶段，经过集团公司法律部、化工销售公司以及律师事务所的不懈努力，山东高院和广东高院分别于 2018 年 4 月 24 日和 2019 年 1 月 29 日做出终审判决，除主犯陈某在逃外，杨某等 6 名案犯均以合同诈骗罪被追究刑事责任。

2. 民事案件处理方面

在集团公司法律部的全程指导下，化工销售公司会同律师团队，组织各方面力量集中核查事实，对存在潜在风险涉案货物和款项进行了逐一分析，开展法律证据收集、财产保全和民事等诉讼工作，挽回损失 2749.7 万美元，7863.02 万元人民币。

二、法律分析

本案性质为合同诈骗。根据中华人民共和国刑法第二百二十四条，以非法占有为目的，在签订、履行合同过程中，骗取对方当事人财物，数额较大的，处3年以下有期徒刑或者拘役，并处或者单处罚金；数额巨大或者有其他严重情节的，处3年以上10年以下有期徒刑，并处罚金；数额特别巨大或者有其他特别严重情节的，处10年以上有期徒刑或者无期徒刑，并处罚金或者没收财产。

本案中杨某等6名案犯，以非法占有为目的，在签订、履行合同过程中，采取买空卖空的交易模式和虚构事实、隐瞒真相的方法，骗取被害单位财物，造成被害单位巨额经济损失，其行为被认定为合同诈骗罪。

三、启示体会

这是一起因合同诈骗引发的案件。事件反映出一些问题和经验教训，值得借鉴：

1. 对合同相对人资信调查上有待加强

本案中，一是未对合同相对人的股权结构进行尽职调查。本案实施诈骗的A公司、B公司、C公司三家供应商实际控制人均为主犯陈某，这说明化销某区域公司在对合同相对人资料进行审查时不够细致，未做深入调查和实地考察；二是未对合同相对人的资质进行风险评估。A公司和B公司分别是注册在马绍尔群岛和新加坡的公司，在马绍尔群岛或新加坡注册公司对注册资本要求很低，两公司在交易过程中的资金信誉缺乏足够的保障，说明化销某区域公司在与此类公司开展业务时疏于对其资金信誉和履约资金保障风险的审查。三是没有对相对人的经营状况进行充分调查，经营状况差的公司在贸易过程中无法提供资金保障，在后续诉讼追偿过程中也会因为偿还能力不足，无法弥补我方损失。

2. 对交易供应商和客户缺乏动态跟踪监控

根据公安部门的调查证实，涉案企业及其境外各公司从 2012 年 1 月至 2013 年 9 月案发时的经营业绩呈持续亏损状态，已累计亏损 3.5 亿元人民币。化销某区域公司未能发现交易对方恶劣的财务状况，没有建立对供应商和客户的财务、资信等情况的动态跟踪机制，未能及时采取应对措施，导致合同诈骗事件的发生。

3. “背靠背”合同中的货权确认环节需要加强

本次案件涉及的大量购销业务均属于先采购后销售的模式，即“背靠背”合同。在此类合同中对于货物的确认非常重要，只要在采购过程中确保实际货物确实已经转移到我方仓库，就不会产生风险。本案中案犯首先通过伪造单据的手段，让化销某区域公司误以为掌握了货权，其次在采购合同中约定的收款方式是货到付款，在销售合同中约定的付款方式是远期信用证支付，制造时间差，从而通过“走空单”的方式在这个时间差内大量骗取资金，最终导致化销某区域公司钱货两失。

重视履约监管 杜绝融资借贷

——润滑油公司买卖合同纠纷案

【摘要】A油品销售有限公司（以下简称A公司）诉中国石化润滑油有限公司山东销售分公司（以下简称润滑油山东分公司）买卖合同纠纷一案，争议焦点在于双方的实质法律关系到底是买卖还是融资借贷。经北京市第一中级人民法院一审、北京市高级人民二审，判决驳回了A公司对润滑油山东分公司5900余万元的诉讼请求。判决生效后，A公司向最高人民法院申请再审，最终予以驳回。该案，最终以润滑油山东分公司胜诉，不承担任何赔偿结果结案。

一、基本案情及处理过程

2014年7月11日，A公司与润滑油山东分公司签署了买卖合同，约定A公司向润滑油山东分公司采购基础油，价款为5610万元。2014年7月14日，A公司向山东分公司支付了全额货款。2015年7月2日，A公司以润滑油山东分公司未供货为由诉至北京市第一中级人民法院，诉请：解除与润滑油山东分公司签署的买卖合同；润滑油山东分公司返还货款5610万元，并支付资金占用期间的利息暂计为272万余元。

本案“名为买卖、实为融资”的真实情况。对应A公司所诉买卖合同，润滑油山东分公司与烟台市牟平区L润滑油销售有限公司（以下简称“烟台L公司”）亦签署有一份《油品采购合同》，该合同项下标的货物，与A公司所诉买卖合同项下标的货物一致。同时，烟台L润滑油公司与A公司亦签署有一份《油品买卖合同》，该合同项下标的货物，与前述两份买卖合同项下标的货物一致。经查涉案三方，在涉案交易之前，还有4轮相同类型的交易行为。

因此，本案实质法律关系为A公司向烟台L润滑油公司提供融资借款。A公司以支付“货款”的方式通过润滑油山东分公司过桥向烟台L润滑油公司提供出借资金，烟台L润滑油公司通过低卖高买的方式通过润滑油山东分公司向A公司偿付本息。

二、法律分析

通过梳理包括涉案交易在内的5轮交易可知，润滑油山东分公司与A公司所签署的买卖合同，并不是一份独立的买卖合同，而是润滑油山东分公司、A公司和烟台市牟平区L润滑油销售有限公司三方之间相互签署的三份买卖合同中的一个组成部分。即，三份买卖合同共同完成一项交易，由烟台L润滑油公司完成了一笔将同一标的货物以最低价售出、以最高价购回的“赔本买卖”；而其“赔本买卖”的原动力，来自在A公司处获得的周转资金。经测算，其获得周转资金的期限一般为2—3个月，支付利息的利率约为8%—10%。

对此，我方制定诉讼策略，有效应对融资纠纷。一是提出管辖权异议，争取充足的调查取证时间。二是申请追加真正的用款人烟台L润滑油公司为本案第三人，还原本案为融资借款关系实质。三是围绕本案无真实货物进行调查取证达到了证明三方当事人之间进行的5轮交易均无真实货物的目的，动摇了“买卖合同”的根本基础。四是协调烟台L润滑油公司聘请代理律师出庭应诉，为法院查明本案名为买卖实为融资借款的真实情况奠定坚实基础。五是通过刑事程序收集证据，证实A公司与烟台L润滑油公司之间存在融资借款的合意。最终，通过完备的证据链条，证明该案名为买卖，实为融资借贷关系的实质，使得各级法院最终驳回了原告的全部诉讼请求。

三、启示体会

循环案件中，不乏国有企业参与其中，既有作为实际出资的一方，也有处于交易链条中部的“过桥”方。其中，作为过桥方，往往由于对交易结构缺乏认知，缺乏事先风险防范措施，事后也难以收集证据，一旦发生诉讼，往往难以充分举证，往往最终成为案件中的“受害者”。通过该案件得到的经验教训，也为今后企业经营中避免遭受不必要的损害，提出如下管理建议：

1\. 建立事前预防机制

准确识别循环贸易的特征，坚决杜绝从事过单贸易业务，即不从事不控制货权的贸易。严格合同订立、审批、执行的流程。坚决执行企业风险防控机制，保障前端业务部门与后端风险防控部门的制衡机制作用，保证各部门独立判断，减少人为干预。建立客户和供应商准入机制并进行动态管理，确保客户和供应商的资信正常。

2\. 加强事中管控力度

严格规范收付款流程，做到收款、付款依据充分；规范票据开立流程，做到款、票、货的对应；严格规范货物入出库流程，未见货物不办理入库手续、不办理出库手续。

3\. 重视事后应对措施

在实际用资人尚有财产的情况下，立即采取相应的保全措施，以防败诉的情况下，后续向实际用资人主张权利时得到充分保障。与实际用资人保持密切联系，确保按照过桥方的意愿在诉讼中积极应诉。启动刑事程序，通过刑事手段获得还原真实融资交易的证据。

强化业务履约管理　防范循环贸易风险

——某石油分公司燃料油买卖合同纠纷案

【摘要】 2015年初，绍兴市协通实业有限公司（以下简称绍兴协通）与某某石油公司分公司（以下简称某石油公司）商客部签订2万吨燃料油销售合同，同时要求某石油公司在《收货确认书》上盖章，后因购进计划未获上级批准，某石油公司告知绍兴协通终止该合同。2016年4月，绍兴协通在绍兴中级人民法院起诉某石油公司违约，要求某、某石油公司支付货款及违约金合计17644.3万元。案件历经两审，江西石油胜诉。

一、基本案情及处理过程

2014年10月至2015年2月，某石油公司商客部负责燃料油购销业务人员桂某，经原湖北省燃料油公司退休人员张某（已被刑拘）介绍，分别与绍兴协通、武汉梅森世纪经贸发展有限公司（以下简称武汉梅森公司）进行过两笔燃料油购进和销售业务。该业务未经合同审核流程，由某石油公司商客部洽谈并与绍兴协通签订采购意向合同，与武汉梅森公司签订销售意向合同，加盖公章。待上级计划下达后，再由某石油分公司分别与该两家签订正式购销合同。按照武汉梅森公司先付款到某石油分公司，某石油分公司对武汉梅森公司开具销售发票；某石油分公司收到绍兴协通全额增值税发票后，再向绍兴协通付款的流程闭环进行。

2015 年 3 月，绍兴协通员工方某等自带合同文本来某石油公司签订 2 万吨燃料油买卖意向合同，并特别说明是沿用以前的交易范本。实际上绍兴协通已修改了合同结算方式和提油地点。某石油公司商客部未仔细核实便与对方签约，同时在其提供的《收货确认书》上加盖公章。后因该购进计划未获上级批准，某石油公司告知绍兴协通终止意向合同。2016 年 4 月份，绍兴协通以某石油公司未履行合同为由，诉请绍兴中级人民法院判令某、某石油公司支付货款及违约金合计 17644.3 万元。

案件发生后，某石油分公司主要领导高度重视，立即向集团公司法律部，销售公司报告此案并请求指导帮助。同时成立某石油分公司主要领导为组长的案件工作组，由法律部门牵头全面梳理该业务流程、交易细节、证据保全等基础工作。在应对民事诉讼的同时，协调九江市公安局以合同诈骗罪申请刑事立案，赴浙、鄂、赣多地调查证据。

在总部全程指导和浙江石油大力帮助下，历时一年半，历经二审，浙江省高级人民法院裁定驳回绍兴协通的起诉，案件胜诉结案。

二、法律分析

循环贸易案件多表现为贸易纠纷标的金额较大，案件类型复杂；国有企业涉诉较多，通常作为资金提供方或中间托盘方，也往往是最终受害方；贸易企业对货物没有实际控制；贸易主体重复性；易发生民刑交叉；名为实物交易，实质是“走单不走货”，以融资为目的的贸易形式。

本案的争议焦点在于合同项下货物是否实际交付。某石油公司出具《收货确认书》是绍兴协通事先设计的业务环节,《收货确认书》

不能作为付款依据。绍兴协通及其上游公司对合同项下货物没有实际交付的事实是明知的，相关方利用闭环贸易合同，通过合同价格上低价买入、高价卖出，实际用款人以高价买入低价卖出进行原告与实际用款人之间的非法借贷，系以贸易形式掩盖非法借贷事实。绍兴协通采购货物支出的款项实际为出借的借款，该款项应由实际用款人归还。

本案中，融资方利用其名下公司通过绍兴协通，将某石油公司拉入中间贸易环节，以达到实现通过贸易合同融资目的（下图所示）。

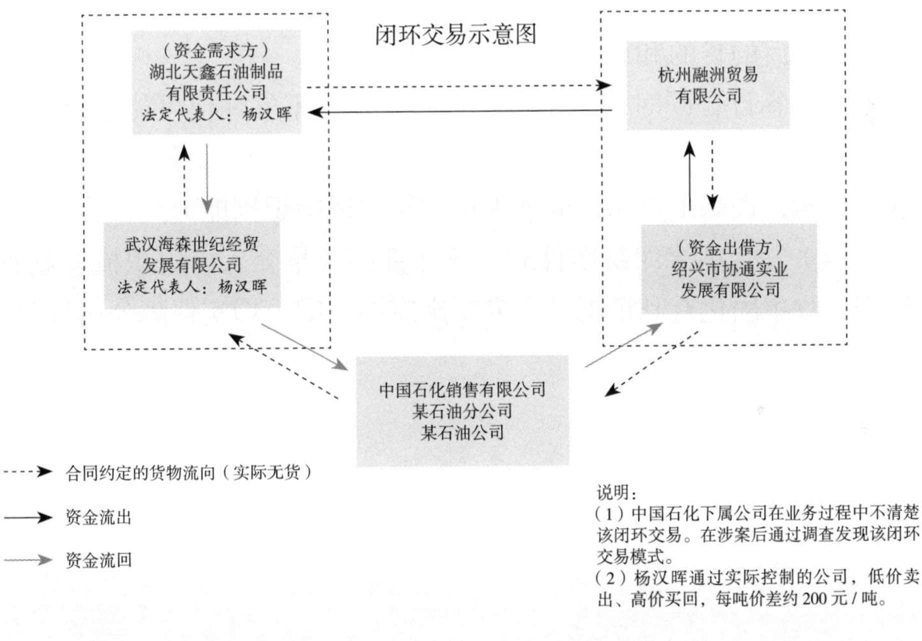

三、启示体会

通过此案，某石油分公司吸取教训，亟需强化业务履约管理，防范循环贸易风险。案件处理中有几点体会，值得总结借鉴：

（1）严格遵守国家、公司相关制度，严禁进行“倒单”贸易。

2013 年 4 月，国资委办公厅下发了《关于进一步加强中央企业大宗商品经营业务风险防范有关事项的紧急通知》（国资厅发评价〔2013〕31 号），严禁开展无商品实物、无货权流转或原地转库的循环贸易。2015 年 1 月、6 月，集团财务部、股份财务部也分别下发《关于严禁开展融资性业务的通知》（集团工单财资〔2015〕7 号）和《关于严禁违规开展融资性贸易业务的通知》（股份工单财资〔2015〕90 号），就所属企业从事循环贸易做出禁止性规定。

（2）合同订立前，应对供、需双方作详细尽职调查，必要时要进行现场、实地考察，全方位了解掌握各方经营情况，全面了解销售业务背后的目的和风险。

（3）签订合同时，严格审核合同条款，不签任何可能加重我方履约风险的前置文件。加强内控流程管理，不得使用公章线下对外签订合同，提高重点岗位业务人员的法律风险识别能力。

（4）发生法律纠纷案件时，法律部门及早介入，组织梳理业务流程，收集固化有利证据，研究制定应诉方案，切实保障公司权益。

油卡诈骗隐患重　防范风险需谨慎

——某石油公司加油卡买卖纠纷

【摘要】2014年，梁某、曾某分别提出二人在某石油公司下属3座加油站发卡网点，均以刷卡方式合计支付504万元购买加油卡，并将钱打入主卡持有人陈某的副卡，后以加油站未向其交付加油卡为由分别向某区法院起诉，主张加油站返还购买款项及利息，某石油公司及销售公司承担连带责任。近日，该案件经过一审、二审、重审一审、二审以及再审程序，历经近5年，在极为不利的情况下，扭转局势并取得胜诉。

一、基本案情

（1）曾某诉A加油站案：2014年，曾某起诉称，2014年3月，其分14次在A加油站发卡网点刷卡支付人民币354万元用于购买加油卡，A加油站告知付款3日后凭支付凭证领取加油卡，后A加油站拒付加油卡。曾某认为，其与A加油站买卖合同已成立，A加油站未给付加油卡的行为损害其合法权益，要求A加油站返还354万元及利息，并要求销售公司承担连带责任。

梁某诉A、B加油站案：2014年，梁某起诉称，2014年3月，其分4次在A加油站发卡网点刷卡支付人民币140万元，分3次在B加油站发卡网点刷卡支付人民币10万元，用于购买充值加油卡，但A、B加油站并未交付任何充值加油卡，要求A加油站返还140万元及利息，B加油站返还10万元及利息，并要求销售公司承担连带责任。

（2）上述三案一审法院裁定驳回原告起诉，对方上诉。二审法院裁定撤销一审裁定并指令某法院重审。重审一审法院判决A、B加油站败诉，A、B加油站上诉。2017年，重审二审法院判决撤销一审判决，驳回曾某、梁某的诉讼请求。

（3）曾某、梁某不服，均向法院提请再审。2018年10月，再审法院作出裁定，驳回曾某、梁某再审申请，案件终结。

二、法律分析

本案中，加油站与原告之间并未真实存在合同关系，而是与陈某所控制的主卡之间存在买卖合同关系，曾某、梁某二人与陈某之间形成倒卖加油卡副卡的合同关系。某石油公司通过提交全部加油卡的消费记录、资金流向及卡内余额等方式，证明涉案的刷卡金额全部分配至陈某所控制的主卡，加油站已履行全部的充值和加油义务。

办案过程中了解到，本案中陈某安排梁、曾二人在某石油公司下属三座油站的POS机上刷卡，实际上是陈某实施诈骗的手段。陈某先以他人名义开立中国石化加油卡，再找被害人垫资按加油卡面额充值，接着以卡面价格打折的方式将加油卡副卡低价销售给其他被害人，在收取钱款后，先支付部分加油卡金额，再将加油卡副卡挂失转卖他人以此非法牟利。此三起案件的最终获胜，遏制了其他受害人可能的跟风起诉现象。

三、启示体会/问题与建议

本案涉及民刑交叉，相关石油公司应谨慎应对并重视吸取经验教训，一是切实完善并执行加油卡管理制度，规范加油卡售卡发卡、支付充值、加油消费、挂失等环节的流程和手续；二是完善视频监控应用工作机制，全面加强管理，提高员工风险防控意识，尽全力维护公司合法权益。

油卡销售履行欠规范 视频监控佐证防风险

——加油卡销售合同履行纠纷案

【摘要】 2016年11月，某石油公司与某电子商务公司签署《加油充值卡采购合同》后，某电子商务公司负责人王某，社会人员孙某等人先后两次到某石油公司加油站购买加油充值卡，加油充值卡均由孙某领取。后来，王某以未收到加油充值卡为由，多次要求加油站交付加油充值卡，索要未遂后向法院提起诉讼，要求某石油公司交付加油充值卡1011.7万元及损失等。案件经一、二审、再审，判决驳回原告诉讼请求。

一、案件的基本情况

2016年12月，某石油公司与某电子商务公司签署《加油充值卡采购合同》，约定某电子商务公司支付货款后，某石油公司交付等额加油卡充值卡。随后，某电子商务公司工作人员王某用其个人银行卡在某石油公司庐山路加油站刷卡支付860万元支付给某石油公司，相关单据联系人为孙某，联系电话为孙某手机。交款后，孙某以其名义领取了等额加油充值卡。2017年1月，某电子商务公司多次到某石油公司庐山路加油站，要求加油站以8.5折的优惠标准，以其支付的 860 万元为基数支付加油充值卡 1011.7 万元。

2017 年 4 月，某电子商务公司提起诉讼，要求支付加油充值卡 1011.7 万元，损失及诉讼费 29.3525 万元，合计 1041.0525 万元。结合两个加油站视频监控和相关证据，法院认为，王某（某电子商务公司法定代表人）、孙某、陈某等 5 人曾于 2016 年 12 月 31 日到某石油公司黄河路加油站购买加油充值卡，授意孙某拍录刷卡过程及消费小票，并认可孙某领取的加油卡已收到。某石油公司有充足理相信孙某有权代领加油卡充值卡，代理行为合法有效，并履行了交付义务。原告诉讼请求无事实和法律依据，并判决驳回诉讼请求，二审维持。某电子商务公司申请再审，某高院受理后就案件事实、监控视频等先后举行 3 次听证会，结合《加油卡充值卡采购合同》“付款单原件取卡”约定，认为某石油公司未见“付款单原件”时交付加油卡属未尽合理审查义务，裁定再审。再审期间，法院结合采购单中联系人、视频监控及黄河路加油站购销实际，认为孙某具有合法代理权，并判决维持原终审判决。

二、法律分析

关于案件争议的焦点，归纳起来主要有两点：一是孙某是否有代理权；二是某石油公司是否已完成交付义务。

1. 关于孙某是否有代理权的问题

从本案视频证据显示，王某、孙某等一并到庐山路加油站购买加油充值卡后，王某示意孙某用手机拍摄付款单凭证等资料，之后孙某全额领取该加油充值卡。同时，某电子商务公司在黄河路加油站购卡视频显示，孙某也未提供“付款单原件”领取相应加油充值卡，王某认可其已经收到该加油充值卡。法院结合前后两次购卡实际，认为某石油公司有理由相信孙某具有代理权，可以领取加油充值卡，依据民法总则关于代理行为的相关规定，认定孙某具有合法的代理权，能以其名义领取加油充值卡。

2. 关于某石油公司是否完成交付义务的问题

从合同相对性讲，某石油公司只能向购买人交付加油充值卡。但是，为方便交易，法律还规定了代理制度即民事主体可通过代理人来实施具体民事法律行为。从本案实际看，某石油公司、某电子商务公司作为加油充值卡买卖当事人，均应独立履行义务、享受权利。但是，双方可通过代理方式委托其他人从事相关民事活动，如委托代为收付款、代为领取加油卡等。在法院已认定孙某具有代为领取加油充值卡权利情况下，某石油公司向孙某交付加油卡应认定已履行了交付义务，并无须再向某电子商务公司交付加油充值卡。

三、启示体会

本案最终胜诉避免了巨大损失，但仍暴露出相应问题和潜在风险，总结起来：一是合同履行不规范，在未核查领卡人身份及授权情况下交付加油卡。二是业务行为不规范，未就 POS 小票与业务单签字人进行认真核对，造成致付款人、签字人、领卡人不一致。三是合同管理不到位，《加油卡充值卡采购合同》加盖部门印章，缺少了法律、财务部门把关，文本关键条款不规范。该案如无监控视频、另一加油站类似交易行为等，结果极有可能败诉。为防范类似风险，建议：

1. 切实重视加油卡销售合同管理工作

合同作为市场经济条件下企业对外交往的最重要的一种形式，可以固化当事人之间享有的权利和应当履行的义务，按照合同管理规定，对外非及时结清或及时结清但金额超过一定额度的业务均应当签署合同。加油卡销售过程中，要抛弃那种“合同麻烦、没有实际作用”的错误思想，规范合同审批和业务履行，从源头上预防加油充值卡销售合同法律风险。

2. 切实重视合同履行、规范手续行为

合同作为公司与外部业务交往的“法律约定”，一旦签署生效，均应当严格履行，具体到加油充值卡销售中，对于个人购买时，要确保 POS 单与签字客户、领取人为同一人；对于单位购买时，要依照合同约定账户信息和相关委托人办理确认和领取业务。发现异常的，应当及时提高警惕，及时采取相关措施进行确认或核实，确保付款人、取款人及领取人符合规定。

3. 高度重视大额采购客户管理

大额客户既是企业利润重要来源，也是潜在风险的重要爆发区，要高度重视大客户管理，确保：一是主体合法有效，防止借用、冒用或者伪造第三方身份办理相关业务；二是有效控制销售资金风险，争取先收款，后销售，赊销应严格走足审批手续，及时跟踪对方付款履约行为；三是加强经办人资格权限审核，未经核实经办人员规范手续不得对其销售。

4. 加强销售人员规章制度和法律风险防范培训

加强对加油卡销售人员业务操作、制度要求和风险防范意识等内容的进行讲解培训，要求加油卡销售人员应当熟悉操作流程、掌握规范要求，树立基本的法律风险意识，特别是要提高警惕，防范对方采取小额利益诱惑等方式进行的倒卖、融资诈骗等违法行为，遇到特殊情况能够进行基本识别，并采取继续核实、上报主管部门等多形式确认风险情况，保障行为合规，防范潜在风险。

合同履约有风险　多措并举挽损失

——某石油公司合同纠纷案

【摘要】2012年上半年，某石油公司与A公司达成合作协议，由A公司会员采取先付款后充值、加油的形式，购买我公司加油卡；在实际履行中，A公司会员将加油卡充值款通过A公司支付到某石油公司，后因A公司资金出现短缺，导致A公司会员支付的加油充值卡款未能到达我公司账户。案件发生后，某石油公司采取刺破公司面纱的方式，要求A公司实际控制人签订还款协议，确认债务并对债务承担连带责任，同时对实际控制人资产采取财产保全、财产变卖等方式加快加大债务还款进度和力度，最终将4777万元欠款全部收回，最大限度、最短时间挽回了经济损失。

一、基本案情

2012年上半年，为进一步扩大加油卡充值和持卡加油业务，培育加油站忠诚客户，某石油公司与A公司开展加油卡充值合作业务，约定："A公司及其管理的会员先付款购买某石油公司加油卡，某石油公司按其所付金额为加油卡充值，所属加油站按当期零售价格为A公司及其管理的会员车辆加油"。实际履行中，A公司的会员需先向其交钱购买"行卡"，然后再持"行卡"到某石油公司加油站刷"行卡"，为加油卡充值，导致这部分加油卡充值资金到账要先经由A公司，然后才到某石油公司账户。由于A公司后期资金实力不足，产生了应收账款风险。

风险发生后，某石油公司领导，敢于担当、勇于担当、善于担当，措施果断、及时有效，多措并举，确保最大限度挽回损失。一是立即终止合同，查找原因，要求债务人确认债务并签订还款协议；二是及时查清债务人资产情况，对A公司进行尽职调查，摸清A公司和实际控制人及其家人名下房产信息；三是快速采取保全措施，依法申请法院对A公司实际控制人及家庭名下房产采取了查封、并协调政府相关部门将上述房产抵押至公司名下；四是积极出售变现房产，多渠道联系购房意向者，主动上门与其他债权人沟通、协商出售事宜，取得了对方的理解和支持。

2018年10月24日法院做出裁定，将A公司名下房产过户至某石油公司，至此，4777万元欠款全部收回，最大限度、最短时间挽回了经济损失。

二、法律分析

本案双方就欠款事实、欠款金额均无异议，难点在于如何在债务人A公司经营困难，负债累累，财产多方抵押，无法还债的情况下，将实际控制人追加进来，有效快速追回应收账款，挽回损失。

（一）相关法律规定

《公司法》第三条规定，“公司是企业法人，有独立的法人财产，享有法人财产权。公司以其全部财产对公司的债务承担责任。有限责任公司的股东以其认缴的出资额为限对公司承担责任；股份有限公司的股东以其认购的股份为限对公司承担责任。”

《公司法》第二十条规定，“公司股东应当遵守法律、行政法规和公司章程，依法行使股东权利，不得滥用股东权利损害公司或者其他股东的利益；不得滥用公司法人独立地位和股东有限责任损害公司债权人的利益。公司股东滥用股东权利给公司或者其他股东造成损失的，应当依法承担赔偿责任。公司股东滥用公司法人独立地位和股东有限责任，逃避债务，严重损害公司债权人利益的，应当对公司债务承担连带责任。

《公司法》第二百一十六条第三款规定，"实际控制人，是指虽不是公司的股东，但通过投资关系、协议或者其他安排，能够实际支配公司行为的人。"

综上可知，现有法律条文仅规定了法人独立地位、股东有限责任，以及股东滥用股东权利时对公司债务须承担的连带责任，而对公司实际控制人（并非公司股东）的相关责任，并未明确规定。

（二）本案采取的法律防控措施

（1）提前入手，与A公司及其实际控制人签订《还款协议》，确认欠款事实、欠款金额，由其实际控制人承诺连带偿还上述全部债务。

（2）委托律所进行尽职调查，摸清A公司实际控制人及其家人名下房产情况，快速设立抵押，申请法院查封。在后续法院审理过程中，实际控制人的妻子以此债务并非夫妻共同债务为由，不同意承担连带责任。法院虽认可并非夫妻共同债务，但因其妻子名下房产已办理了抵押登记，某石油公司已取得抵押权，故法院判决支持某石油公司诉请，以其名下房产为A公司未能偿还的欠款承担抵押担保责任。

三、启示

（1）从案件事实来看，风险管理职责需进一步落实。

公司核心业务部门作为风险管理的第一道防线，是所管业务的直接责任者，公司绝大多数的风险产生于此。全面风险的防控不只是内控部门的事、法律部门的事，更需要全方位的管理、全员的参与。上述案件让我们清醒地意识到，公司离全员防控风险的要求还有一定距离，作为风险管控的第一道防线，核心业务部门的风险防控意识薄弱，风险管理职责不清，法律红线意识不强、底线警戒不高，认为“无纠纷即无风险”，日常监管流于形式，疏于防范。强化风险意识，明确防控职责，提高防控能力，是企业业务管理者的责任和担当。

（2）从办案技巧来看，纠纷处理不应拘泥于一种模式，应多途径，多举措避免风险。风险发生后，某石油公司决策层反应迅速，立即终止合同，要求查清欠款原因，并不局限于诉讼这一种方式，而是提前入手，掌握主动，与实际控制人签订《还款协议》，避免因A公司资不抵债，发生还款不能的风险。法务部门协调法院、政府相关部门，快速查封、抵押房产，同时多渠道联系购房意向者，积极出售变现房产，确保在法院判决后，第一时间将查封的房产出售，收回全部欠款。

安全环保类案件

面对环境公益民事诉讼 依法抗辩力争程序突围

——GZ 炼厂环境公益民事诉讼案获裁定驳回起诉

【摘要】GZ 炼厂发电车间 3# 和 4# 煤粉炉排放属环保国控排放点，停炉期间因政府线上自动采集排放数据未经科学处理出现严重超标异常，该公开数据被不当利用作为 GZ 炼厂排放超标违法的证据材料。浙江省 JH 绿色生态文化服务中心利用此数据发动对 GZ 炼厂环境公益民事诉讼，提出赔偿经济损失和环境服务功能损失 500 万元（预估）等 5 项诉求。现案件经一审 G 市中级法院裁定驳回起诉。GZ 炼厂取得阶段性胜诉。

一、基本案情

2019 年 9 月，浙江省 JH 绿色生态文化服务中心（以下简称 JH 绿色中心）向 G 市中级法院提起对 GZ 炼厂环境公益民事诉讼。JH 绿色中心认为，自 2017 年第二季度以来，GZ 炼厂锅炉排放口二氧化硫、氮氧化物等污染物排放超标，其主要依据是“广州绿网环境保护服务中心”网上公布的企业排放数据。JH 绿色中心还认为，GZ

炼厂对于近10年来G市环保部门的19次行政处罚没有改进，给周边环境造成严重损害。其主要依据是网上公布的行政处罚信息。

JH绿色中心的诉讼请求为：一是GZ炼厂判令停止侵权，即停止非法排放大气污染物等损害环境公益的行为；二是判令GZ炼厂恢复原状；三是判令GZ炼厂赔礼道歉（连续一周在省级及以上主流媒体上向社会公众赔礼道歉）；四是判令GZ炼厂赔偿经济损失和环境服务功能损失500万元（预估）；五是判令GZ炼厂承担本案调查、检测、鉴定、律师等一切费用。

经查实：一是针对JH绿色中心“二氧化硫、氮氧化物等污染物排放超标”的指控，经核查没有事实依据。二是关于近十年来GZ炼厂累计19次被G市生态环境局行政处罚和整改问题，事实是GZ炼厂2015年后再也没有因废水超标行为被处罚，2017年后也没有因废气超标行为被处罚，并且行政处罚所指向的行为，已经超过3年环境侵权诉讼时效。因此，GZ炼厂积极进行异议和答辩。在程序上，对原告JH绿色中心的主体资格提出异议。在实体上，申请延长举证期限，提供近400页答辩证据资料。2020年11月G市中级法院做出民事裁定，法院认为社会组织所起诉的事项应当与其宗旨和业务范围具有对应关系，或者与其所保护的环境要素及生态系统由一定联系，但原告JH绿色中心作为环境民事公益诉讼的原告，其章程显示其业务范围与该起诉事项既未与其业务范围具有对应关系，也未与其所保护的环境要素及生态系统具有一定联系，不符合法律和司法解释要求条件，不具有提起本案诉讼主体资格，驳回其起诉。因JH绿色中心不服G市中级法院裁定而上诉，目前案件尚在G省高级法院审理中。

二、法律分析

环境民事公益诉讼是特殊的民事诉讼，对于原告主体资格要求有特殊规定，不要求“利害关系”诉的利益。《环境保护法》第五十八条规定，“对污染环境、破坏生态、损害社会公共利益的行为，符合条件的社会组织可以向人民法院提起诉讼。”《民事诉讼法》第二百八十四条规定，“环境保护法、消费者权益保护法等法律规定的机关和有关组织对污染环境、侵害众多消费者合法权益等损害社会公共利益的行为，根据民事诉讼法第五十五条规定可以提起公益诉讼。”最高人民法院《关于审理环境民事公益诉讼案件适用法律若干问题的解释》第四条规定，“社会组织提起的诉讼所涉及的社会公共利益，应与其宗旨和业务范围具有关联性。”法律和司法解释，对于环境民事公益诉讼主体资格，既有放宽，同时允许符合条件的社会组织参加进来成为共同原告。当然，对于原告主体也有限制，需要充分注意。

《侵权责任法》第六十五条规定，“因污染环境造成损害的，污染者应当承担侵权责任。”第六十六条规定，“因污染环境发生纠纷，污染者应当就法律规定的不承担责任或者减轻责任的情形及其行为与损害之间不存在因果关系承担举证责任。”法律规定，环境损害赔偿案件举证责任实行倒置，企业被诉环境侵权的，需要承担更重的举证责任。

环境侵权责任范围更大，最高人民法院《关于审理环境民事公益诉讼案件适用法律若干问题的解释》第十八条规定，“对污染环境、破坏生态，已经损害社会公共利益或者具有损害社会公共利益重大风险的行为，原告可以请求被告承担停止侵害、排除妨碍、消除危险、恢复原状、赔偿损失、赔礼道歉等民事责任。”

检察机关和政府环境管理机关，需要支持原告，企业容易陷入“四面楚歌”。最高人民法院《关于审理环境民事公益诉讼案件适用法律若干问题的解释》第十一条规定，“检察机关、负有环境保护监督管理职责的部门及其他机关、社会组织、企业事业单位依据民事诉讼法第十五条的规定，可以通过提供法律咨询、提交书面意见、协助调查取证等方式支持社会组织依法提起环境民事公益诉讼。”

三、思考与建议

环境公益民事诉讼以“公益”冠之，可能引发社会公众的关注，也将对中国石化等国有企业造成舆情压力，必须高度重视，积极沟通，不激化矛盾，避免舆情发酵。

主动与地方环境管理机关沟通汇报，取得其证明材料至关重要。鉴于 GZ 炼厂客观上排放没有超标的事实，G 市生态环境局根据 GZ 炼厂请求出具书面复函，解释停炉期间数据异常不足以证明 GZ 炼厂锅炉超标排放。复函确认 GZ 炼厂历史上的 19 次环境行政处罚均已处理完毕、整改完毕，2017 年后未存在因废气超标的违法行为而受到的处罚。这对 GZ 炼厂实体抗辩起到积极作用。

法律和司法解释对环境公益诉讼主体资格有严格要求，需要企业充分说理陈述，说服法院对不符合法定条件的滥讼者裁定不予受理或裁定驳回起诉，争取在程序上首先获胜，尽量避免进入实体审理阶段。

环保责任重如泰山　依法治企刻不容缓

——某石化公司环境污染责任纠纷案

【摘要】2016 年 4 月 21 日，淄博市张店区柳杭社区居委会（某石化公司乙烯装置驻地）以环境污染为由在淄博市中级人民法院起诉某石化公司，要求立即停止向其辖区排污行为，消除环境污染，恢复受污染土地、水源原状，赔偿经济损失 2.9 亿元及承担诉讼费。在依法应诉的同时，加强与地方政府和法院沟通协调，做好信访维稳及舆情应对工作。2017 年 2 月 9 日，柳杭社区向淄博中院提出撤诉申请，淄博中院做出《民事裁定书》裁定准许撤诉。

一、基本案情

该案源于柳杭社区搬迁问题。1987 年某石化公司乙烯工程投产后，部分村民以“环境污染、要求搬迁”为由不断到国家部委、地方政府和中国石化上访，对企业生产、经营造成严重影响。山东省、中国石化领导对此高度重视，分别做了重要批示，要求淄博市政府、某石化公司妥善解决柳杭村搬迁问题。2001 年 3 月，淄博市政府与某石化公司签订《淄博市张店区湖田镇柳杭村搬迁协议书》，确定了搬迁总费用为 6672.8 万元，资金分摊比例为：政府减免工程配套费 1800 万元，村民出资 1172.8 万元，某石化公司公司出资 3700 万元。

2001 年 5 月，某石化公司向湖田街道办支付了部分搬迁费用

1240万元，余款2460万元因柳杭社区未按约定搬迁未予支付。之后数年，搬迁工作迟迟没有进展，后经多方努力，柳杭社区整体搬迁工作于2013年启动，目前柳杭新村主体工程大部分已经完成，但因工程欠款被迫停工。2015年，为追加搬迁建设资金，柳杭社区部分群众三次到中国石化总部和某石化公司群访。11月，柳杭社区又发来律师函，要求某石化公司支付搬迁费用2.77亿元。2016年4月21日，柳杭社区以环境污染为由在淄博市中级人民法院起诉某石化公司，要求某石化公司立即停止向其辖区排污行为，消除环境污染，恢复受污染土地、水源原状，赔偿经济损失2.9亿元及承担诉讼费。

2017年1月25日，某石化公司与张店区政府召开联席会议，结合中国石化正拟与当地政府开展丙烯腈合作，通过投资技术改造彻底解决污染历史遗留问题这一思路，解决丙烯腈装置位于城区周边的搬迁问题，同时为地方政府和周边企业做贡献，积极谋求企地共赢。后达成《协商合资合作及解决柳杭诉求问题会议备忘录》，明确：在双方积极开展企地丙烯腈合作的基础上，张店区政府同意采取更有力措施，做好沟通协调工作，2月10日前由柳杭社区撤诉；某石化公司接到撤诉文书后，在7个工作日内及时申请并向张店区财政局支付剩余2460万元搬迁资金，柳杭社区的其他相关诉求由张店区政府负责协调解决。

2017年2月9日，柳杭社区向淄博中院提出撤诉申请，淄博市中级人民法院做出《民事裁定书》(2016)鲁03民初60号，裁定准许原告张店区湖田街道办柳杭社区居委会撤诉。

二、法律分析

侵权事实、危害后果及可能承担的法律责任：

某石化公司苯乙烯装置1991年首次发现地下水苯系污染物超标，主要原因系地下管网材料被腐蚀穿孔造成含苯污水大量泄漏。此后及时采取了更新套管、地下水强采等补救措施。

本案为环境污染责任纠纷，属于侵权诉讼。侵权诉讼有4个要件构成：诉讼主体、侵权行为、损害后果及因果关系。同时，环境污染责任纠纷适用举证责任倒置原则，即某石化公司将承担“生产过程中未造成环境污染”及“生产排放与居民健康无因果关系”等倒置举证责任。结合上述案件事实，本案一旦公开开庭审理，仅证据公开一项就将给某石化公司带来巨大风险；一旦败诉，更将面临装置停工、天价赔偿及恢复土地、水源的巨大经济责任，直接面对社会舆论带来的巨大负面压力，甚至导致集团公司声誉受损。

三、启示体会

1. 建立联动机制，及时化解环保风险

环保风险的系统性、复杂性及对企业影响的严重程度决定了该类风险的处理必须依靠严密的组织体系，构建高效的联动机制。认真学习借鉴安全生产管理经验，做到“像抓安全生产一样抓法律风险，像对待生产事故一样对待案件处理”。打造防控法律风险的制度笼子，积极协调相关部门，形成“事件信息业务部门与法律部门共享、事件处理法律部门与业务部门共担”的联动机制，共筑环保防线。面对巨大的环保法律风险，法律部门的作用是有限的。必须形成合力，依靠体系的力量，才能有效应对、处理日益复杂、数额巨大甚至关乎企业存亡的环保法律风险。

2. 及时清理历史欠账、遗留问题，避免新诉

在环保法律法规日趋严格、全社会高度关注环保工作的新形势下，企业面临更高的环保法律风险。一方面要严格执行国家环保法

律法规，不触碰环保红线，做到依法合规经营；另一方面要认真总结本案的经验教训，梳理企业在环保方面的历史欠账、遗留问题，列出潜在的环保法律风险事件清单，提前采取防控措施，化解法律风险，降低诉讼成本。

环境污染责任重　危废处置要合规

——中华环保联合会诉某公司环境公益诉讼案

【摘要】 2015 年 A 省 B 公司与 C 省 D 公司签订废碱液处置合同，由 D 公司将废碱液通过固定路线运至 D 公司处置。D 公司履行合同过程中非法处置废碱液造成严重后果。2019 年，中华环保联合会对 B 公司和 D 公司提起共同环境侵权之诉，该案于 2019 年 5 月 30 日获法院正式受理。目前 B 公司与中华环保联合会处于和解阶段。

一、基本案情

2015 年 1 月 29 日,A 省 B 公司与 C 省有资质的 D 公司签订《乙烯废碱液处置合同》，约定 B 公司将废碱液交由 D 公司按规定路线运至公司处置，每吨处置费 600 元。废碱液的转移取得了 A 省和 C 省环保部门的批准文件，同意转运 2000 吨。合同履行过程中，B 公司和 D 公司没有落实一车一单的规定，且转移废碱液数量 2816.84 吨，超过环保部门批复数量 2000 吨。D 公司未按危险废物管理规定进行处置，2015 年 2 月 26 日至 2015 年 5 月 17 日期间，持续将废碱液偷排至 C 省某县某停车场内挖设的排污管道内，废碱液经暗道流入此县城市下水管网。2015 年 5 月 18 日，另一家单位将废酸在同一地点进行违法倾倒，废碱液与废酸混合发生反应，产生硫化氢气体，停车场西侧某驴肉店老板李某被熏倒，2015 年 5 月 19 日李某经抢救无效死亡。

2016 年 5 月，环保局以 B 公司存在未按照《中华人民共和国固体废物污染环境防治法》的规定申报危险废物的种类、产生量、流向、贮存、处置等有关资料的问题，对其做出行政处罚共 49 万元。2018 年 4 月，经过一审、二审刑事审判，D 公司涉案人员因违反国家规定，非法处置、排放有毒物质，严重污染环境，并造成一人硫化氢中毒死亡这一结果，被判决犯污染环境罪，判处有期徒刑 2 年至 7 年不等，并处罚金。

2019 年中华环保联合会针对上述情况对 B 公司和 D 公司提起共同环境侵权之诉，该案于 2019 年 5 月 30 日获法院正式受理。目前 B 公司与中华环保联合会正在法院主持下进行和解工作。

二、法律分析

本案为中华环保联合会诉 B 公司、D 公司环境民事公益诉讼案，其案由是共同环境侵权责任之诉。本案的争议焦点为：B 公司与 D 公司是否构成共同侵权。

环境侵权责任作为一种特殊的侵权责任，其归责原则为无过错责任原则。B 公司作为废碱液生产者，不曾授意和参与废碱液非法倾倒行为，而是依法委托给有资质的 D 公司处置，不是《侵权责任法》所规定的“污染者”，即不是环境侵权责任主体，不应当适用环境侵权责任的无过错责任原则，应当适用《侵权责任法》一般侵权责任的过错责任原则。依据《侵权责任法》第八条规定，二人以上共同实施侵权行为，造成他人损害的，应当承担连带责任。在 D 公司已被判决构成侵权的情况下，B 公司和 D 公司是否共同关联且足以成立共同侵权行为，取决于两者的行为与所生损害之间是否具有共同原因。

D 公司是取得危险废物经营证的处置单位，对不填写危险废物转移联单所产生的“危险废物不被行政监管”的法律后果是非常清楚的。因此，司法机关有可能认为，B 公司不填写危险废物转移联单的行为是 D 公司未按规定路线运输、且非法倾倒危险废物行为的前提条件，两个行为结合在一起导致了环境损害，成立因果关系。根据已公开的司法判例，如存在因果关系不明、叠加原因等情况，很难肯定地说某一侵权人的行为与损害之间不存在因果关系。产废单位如存在擅自转移危险废物、未按规定填写危险废物转移联单等违法性，很有可能被认为产废单位的行为与污染行为实施者的行为互相结合为一个整体的侵权行为。

侵权责任另一构成要件过错是主观要件，B 公司并无故意违法处置危险废物的主观心理状态，因此过错这一主观要件从两个方面考量：一是 B 公司将废碱液交由 D 公司处置的行为是否具有违法性，即 B 公司相关处置行为是否符合《固体废物污染环境防治法》；二是 B 公司是否尽到了合理注意义务，包括 B 公司是否核验了 D 公司是否有危险废物处理能力，废碱液处置价格是否明显低于市场价格或者处置成本等因素。

三、启示体会

一是加强危废处置管理工作。近年来设计危险废物的环境违法案件时有发生，国家对危险废物管理相关工作越来越重视，监管规则日趋完善，处罚力度显著加大。各单位务必加强危废管理相关工作，严格依法进行储存、运输、处置等工作。尤其是 2020 年 4 月 29 日全国人大常委会发布了《中华人民共和国固体废物污染环境防治法》（中华人民共和国主席令第四十三号），自 2020 年 9 月 1 日起施行，危险废物规范化管理要求更加科学严格，要求企业要对危险废物从产生、利用、处置等环节进行全生命周期有效管控，根据危险废物的物理化学属性、危险有害程度进行分类收集、贮存、处置。

二是加大环保宣传。随着社会对环境保护的关注度越来越高，任何形式的环境污染事件发生都将面临巨大法律风险。各单位务必要针对新形势、新风险，做好环境保护相关法律宣传工作，提高干部员工环保意识。

三是谋划应急措施，有效化解舆情风险。鉴于本案对于石化行业具有典型示范性和较大影响力，B 公司在做好诉讼应对工作的同时，积极做好正面宣传和舆情风险防控工作。

生产安全是底线　风险防控常抓不懈

——“11·22”东黄输油管道泄漏爆炸特别重大事故

【摘要】2013年11月22日，东黄输油管道泄漏原油进入市政排水暗渠，在形成密闭空间的暗渠内油气积聚遇火花发生爆炸，造成了极为重大的人员、财产损失。经国务院事故调查组认定，“11·22”东黄输油管道泄漏爆炸特别重大事故是一起生产安全责任事故。中国石化和下属企业以及相关人员依法承担了相应的刑事责任、行政责任和民事责任。中国石化基于行业固有的高温、高压、易燃、易爆等特点，存在较为突出的安全生产法律风险。在日常管理过程中，应当坚持科学发展安全发展，牢牢坚守安全生产红线，切实落实企业主体责任，深入开展隐患排查治理，完善应急管理，全面提高应急处置水平，有效防控安全生产风险。

一、基本案情及处理过程

2013年11月22日10时25分，位于山东省青岛经济技术开发区的中国石油化工股份有限公司管道储运分公司东黄输油管道泄漏原油进入市政排水暗渠，在形成密闭空间的暗渠内油气积聚遇火花发生爆炸。爆炸发生后，王勇国务委员赶赴事故现场指导事故处置，成立事故现场指挥部，下设8个工作组，开展人员搜救、抢险救援、医疗救治及善后处理等工作。中国石化紧急调集山东省内所有石化企业抢险救援力量赶赴现场。现场指挥部组织2000余名武警及消防官兵、专业救援人员，调集100余台（套）大型设备和生命探测仪及搜救犬，紧急开展人员搜救等工作，救治伤员。2014年1月25日，死者善后理赔工作全部完成。2014年2月22日，青岛市开发区管委会公布《关于“11·22”事故善后处理工作的十三条意见》，推进事故善后工作。2015年4月22日，中国石化管道储运有限公司和青岛市黄岛区政府签订协议书，确定最终事故赔偿金额，中国石化履行完毕所承担的赔偿义务，后续事故善后工作移交黄岛区政府负责。

2014年1月9日，经国务院事故调查组认定，中国石化及下属企业安全生产主体责任不落实，隐患排查治理不彻底，现场应急处置措施不当，是造成爆炸的主要原因之一，“11·22”东黄输油管道泄漏爆炸特别重大事故是一起生产安全责任事故。中国石化存在的问题主要包括，中国石化安全生产责任落实不到位；中国石化管道储运分公司对潍坊输油处、青岛站安全生产工作疏于管理；潍坊输油处对管道隐患排查整治不彻底，未能及时消除重大安全隐患；青岛站对管道疏于管理，管道保护工作不力；事故应急救援不力，现场处置措施不当，严重违规违章。

事故最终造成63人死亡、158人受伤，造成直接经济损失75172万元。山东省青岛经济技术开发区6名国家机关工作人员构成玩忽职守罪，分别被判处有期徒刑3年6个月至3年不等。中国石化管道储运分公司8名职工构成重大责任事故罪，分别被判处有期徒刑5年至3年不等。中国石化和下属企业24名领导干部被处以党纪政纪处分。山东省安全监管局对中国石化管道储运分公司处以500万元罚款，对中国石化管道储运分公司时任两名主要负责人各处以2012年度收入80%的罚款。针对事故的发生，中国石化集团公司向国务院做出深刻检查，并抄送国家安全监管总局和监察部。

二、法律分析

中国石化基于行业固有的高温、高压、易燃、易爆等特点，以及油气生产设备本身和生产过程存在固有的不安全因素，存在较为突出的安全生产法律风险。在当前国家法律法规和监管政策更加严苛的背景下，一旦发生安全事故，企业相关责任人可能构成重大责任事故罪等刑事犯罪，而被判处刑罚；企业和相关责任人可能被处以罚款等行政处罚；因安全事故受到损失的单位和个人可能向企业提出民事索赔，企业据此承担民事赔偿责任。

《安全生产法》第四条规定，生产经营单位必须遵守本法和其他有关安全生产的法律、法规，加强安全生产管理，建立、健全安全生产责任制和安全生产规章制度，改善安全生产条件，推进安全生产标准化建设，提高安全生产水平，确保安全生产。企业主要负责人、安全管理部门和业务部门人员违反有关规定后，应当承担的罚款等行政处罚和处分。针对安全生产事故刑事责任，《刑法》第一百三十四条规定，在生产、作业中违反有关安全管理的规定，因而发生重大伤亡事故或者造成其他严重后果的，处 3 年以下有期徒刑或者拘役；情节特别恶劣的，处 3 年以上 7 年以下有期徒刑，是企业人员因安全生产事故构成刑事犯罪的主要法律依据。同时，近年来最高人民法院、最高人民检察院不断完善有关安全生产事故刑事案件司法解释，2015 年 11 月出台了《办理危害生产安全刑事案件适用法律若干问题的解释》，进一步明确有关法律适用问题，强化企业的安全生产主体责任，刑事责任的威慑力度进一步加大。

此外，中国石化发生油气爆炸等类型安全生产事故，造成人身、财产损失后，根据《侵权责任法》，构成高度危险责任，属于无过错责任，即除受害人故意或者不可抗力造成损害以外，不论受害人自身是否有过错，侵害人因占有或者使用易燃、易爆、剧毒、放射性等高度危险物造成他人损害的，都应当全额赔偿。

三、启示体会

防控安全生产法律风险，根本途径是强化企业安全生产管理，并加强法治宣传，促使广大干部职工明风险之所在，知风险之所害，懂应对之法，具体说：

第一，坚持科学发展安全发展，牢牢坚守安全生产红线。深刻吸取"11·22"东黄输油管道泄漏爆炸特别重大事故的沉痛教训，牢固树立科学发展、安全发展理念，牢牢坚守"发展决不能以牺牲人的生命为代价"这条红线。建立健全"党政同责、一岗双责、齐抓共管"的安全生产责任体系，坚持管业务必须管安全、管生产经营必须管安全的原则，把安全责任落实到领导、部门和岗位，谁踩红线谁就要承担后果和责任。在推进企业改革发展的过程中，要始终坚持安全生产的高标准、严要求，企业生产与安全管理发生矛盾时，必须服从安全需要；所有工程设计必须满足安全规定和条件。自觉接受地方政府的属地监管，依法依规，严管严抓。

第二，切实落实企业主体责任，深入开展隐患排查治理。企业要认真履行安全生产主体责任，加大人力物力投入，加强设备日常巡护，保证设备设施完好，确保安全稳定运行。建立健全隐患排查治理制度，落实企业主要负责人的隐患排查治理第一责任，实行谁检查、谁签字、谁负责，做到不打折扣、不留死角、不走过场。认真开展在役油气管道，特别是老旧油气管道检测检验与隐患治理，对与居民区、工厂、学校等人员密集区和铁路、公路、隧道、市政地下管网及设施安全距离不足，或穿（跨）越安全防护措施不符合国家法律法规、标准规范要求的，落实整改措施、责任、资金、时限和预案，限期更新、改造或者停止使用。

第三，完善应急管理，全面提高应急处置水平。高度重视油气管道等各业务线条的应急管理工作，各级领导干部要带头熟悉、掌握应急预案内容和现场救援指挥的必备知识，提高应急指挥能力；接到事故报告后，基层领导干部必须第一时间赶到事故现场，不得以短信形式代替电话报告事故信息。企业应当根据生产、经营、输送介质的危险特性，制定有针对性的专项应急预案和现场处置方案，并定期组织演练，检验预案的实用性、可操作性，不能“一定了之”“一发了之”；要加强应急队伍建设，提高人员专业素质，配套完善应急装备；对于原油泄漏要提高应急响应级别，在事故处置中要对现场油气浓度进行检测，对危害和风险进行辨识和评估，做到准确研判，杜绝盲目处置，防止油气爆炸。

打孔盗油酿污染　依法维权护利益

——胜利油田“3·12”海上溢油污染纠纷案

【摘要】2006年3月12日，因犯罪分子在海底输油管线打孔盗油导致原油泄漏，引发胜利油田“3·12”海上溢油污染系列案件，全案共计38起。在集团公司党组领导和法律事务部指导下，油田悉心运筹、策略得当、措施有力，经过几年的不懈努力，截至2011年6月17日，全部案件均依法处理完毕。案件无论是判决结案还是调解结案，法院均认定溢油污染事件是犯罪分子打孔盗油所致，胜利油田已尽到法定义务不承担赔偿责任。

一、基本案情及处理过程

2005年4月至12月，犯罪分子王玉江、刘林彬等人先后多次在胜利油田海洋采油厂中心一号平台至海3站海底输油管线上打孔盗油。2006年3月12日，被破坏的输油管线因盗油阀门密封胶垫失去作用发生原油泄露，造成周围海域被严重污染，同时河北沧州、天津和渤海湾中部海域造成了不同程度的污染，直接经济损失近4亿元。2006年6月12日，国家海洋局北海分局以胜利油田分公司“在启动越站流程作业时，由于压力提高导致不法分子早已安装在输油管道上的盗油卡子密封胶皮破损，发生溢油事故，造成了海洋环境污染”为由，向股份公司下达了行政处罚听证告知书，拟对股份公司做出警告并处25万元罚款的行政处罚。为此，胜利油田先后多次到北海分局和国家海洋局沟通汇报，据理力争并依法提起行政听证程序，最终北海分局未做出行政处罚决定，避免了国家海洋管理机关认定油田存在生产过错，为下一步民事案件处理的无责认定打下基础。2007年7月28日，东营市中级人民法院一审以破坏易燃易爆设备罪分别判处18名犯罪分子死刑、无期徒刑、有期徒刑。

2007年6月13日，东营市28家养殖户以海底输油管道漏油造成海洋养殖损失为由，在青岛海事法院对胜利油田分公司提起诉讼，后又追加中国石化集团公司等6个被告，索赔养殖损失3427.74万元；同时，东营市海洋与渔业局代表国家索赔天然渔业资源损失1.04亿元。两案合并审理，先后经多次开庭审理和庭后调解未果。2010年6月22日，青岛海事法院做出一审判决，认定海底输油管道发生溢油，是由于犯罪分子在输油管道上打孔盗油所致，输油管线的经营者对由此产生的污染损害不承担赔偿责任，考虑到养殖户系无辜受害，损失巨大，综合各种因素支付28位原告经济补偿金额合计2391.77万元；同时考虑到，东营市海洋与渔业局在事故处理过程中，组织清污、确定损失，支出了必要且合理的费用，综合各种因素补偿其金额300万元。针对上述28家养殖户经济补偿数额，胜利油田认为补偿数额偏大，遂依法提起上诉程序，2010年12月24日，山东省高级法院依法调解认定胜利油田不承担赔偿责任，支付经济补偿金数额2100万元，案件终结。

二、法律分析

“3·12”溢油污染事件，胜利油田表面上看是污染者，实质上更是受害者。按照《海洋环境保护法》第90条的规定，造成海洋环境污染损害的责任者，应当排除危害，并赔偿损失；完全由于第三者的故意或者过失，造成海洋环境污染损害的，由第三者排除危害，并承担赔偿责任。纵观整个“3·12”海上溢油污染系列案件，其法律关系错综复杂，涉及民法、刑法、行政法、海事特别诉讼程序法等多项法律规定，案件中既有刑事案件、行政案件，又有民事案件，同时三者之间又存在着内在联系和制约关系，一个案件处理不当，就有可能引起连锁反应，使整个案件处理工作陷于被动。由于前期刑事案件、行政案件的圆满解决，为后期民事案件中的诉讼维权创造了有利条件。“3·12”溢油污染事故是由刑事案件中的刑事犯罪行为导致的，这也是引发民事赔偿纠纷的根本原因，因此通过刑事案件判决，明确了溢油污染事件系犯罪分子打孔盗油的犯罪行为所致，这为民事案件我方的免责抗辩提供了证据支持；其次，国家海洋局北海分局拟以油田在生产过程中存在过失和应急不当为由进行行政处罚，如果处罚成立，对渔业养殖户将是有利的民事诉讼证据支持。为此，胜利油田充分利用行政听证的机会全力维权，同时加强与有关部门沟通，最终获得了国家海洋局的理解和支持，没有做出行政处罚决定，为民事案件的免责抗辩进一步扫清了障碍。

在全部民事案件的处理过程中，胜利油田把《海洋环境保护法》第 90 条的规定作为免责抗辩的主要依据，注重从整体上分析把握案情，对案件事实、当事人之间的法律关系、涉及利益相关方的心理预期、胜利油田的利益诉求和责任底线等因素进行全面分析，全面制定处理案件的整体方案。在处理过程中采取客观、公正的态度，适当考虑养殖户因污染造成损失的情况，秉持胜利油田无过错责任认定，但给予无辜受损养殖户适当补偿的方式结案，这样即维护了胜利油田利益，又减小了该案造成的社会影响和可能产生的社会不稳定因素。最终，经过艰苦、曲折的工作过程，全部案件得到了良好、妥善的处理，取得了预期的效果。

另外值得注意的是，在上述案件处理过程中，适逢国家《侵权责任法》颁布实施，按照该法有关规定，即便海底输油管道系犯罪分子打孔盗油所致，油田没有任何过错，原告依然可以选择向胜利油田主张污染损害赔偿。

三、启示体会

（1）以防范控制油气生产过程中的环保法律风险为着力点，将法律风险管理嵌入油田生产建设的主要业务流程，深入到每一个具体业务环节，强化风险防控。

在目前国家环境立法更加注重保护社会公共利益，对企业生产作业环保要求更加严格的大趋势下，油气生产对自然资源的高度依赖，以及高危险、高污染的特性，决定了油田企业必然要承担较多的污染防治及节能减排的法定义务。因此，在油气生产过程中，法律风险管理必须嵌入到主要业务流程，深入到每一个具体业务环节。在项目建设阶段，要依法进行环境影响评价，严格执行污染防治设施与主体工程建设的“三同时”规定及有关审批、核准、备案的要求；在项目投产后的运营过程中，要严格执行操作规程，依法排污，确保污染处理设施正常运转，并依法实施清洁生产审核，保留完整的生产操作记录，确保记录可追溯；在污染事故发生后，立即启动应急预案并按规定上报政府环保部门和其他相关部门，采取有效措施加以控制并防止损失扩大。要努力杜绝公司过错行为导致的各种纠纷，要认识到法律风险与生产经营密切关联，要明晰法律风险源，健全法律风险应对举措，促进法律风险防控的流程化、规范化、常态化，努力实现“最小风险、最少纠纷、最大价值”。

（2）建立灵敏、高效的突发事件应急机制，强化企业生产突发意外事件的应急处理，发挥好法律工作的法律支持作用。

在应对突发意外事件的传统处理中，法律部门往往在纠纷处理阶段才具体参与进来。由于法律介入相对滞后，有可能错失避免或减轻不利法律后果的最佳时机。同时，也可能因为有关业务部门缺乏法律证据留存、处理、应对的意识和经验，导致公司在诉讼维权时不能获得有力的证据支持，从而提高了法律诉讼败诉的风险。因此，根据企业生产经营实际，有必要建立灵敏、高效的法律风险反应机制，强化突发意外事件的法律应急处理。在突发事件的应急预案中，明确法律部门的初始介入、全程参与的工作程序和法律应急处置要求，由法律部门与有关业务部门协同配合，充分研究分析突发事件可能出现的法律后果，做好应急处理的各项工作和相关证据的收集、保存，积极控制不利后果的出现，实现在危机面前，企业损失最小化。

大气排放须达标　环保法规严遵守

——南化公司环境民事公益纠纷案

【摘要】中国石化集团南京化学工业有限公司（以下简称南化公司）自2012年2月17日至2016年因超标排放共被环保部门行政处罚24次，某环保公益组织根据《环境保护法》及相关司法解释向南京市中级人民法院提起环境公益诉讼，要求停止侵害、赔偿环境治理费、公开道歉、承担律师费等合理费用。南化公司通过与某环保公益组织、南京市中级人民法院以及南京市环保部门积极沟通，依照法院要求进行虚拟修复费用鉴定，主动承担生态保护费用，最终实现与原告和解，圆满结案。

一、基本案情及处理过程

某环保公益组织成立于1993年4月，是中国第一个专门从事环境保护事业的基金会，是具有独立法人资格、非营利性的社团组织。2016年8月，某环保公益组织查找到南化公司被当地环保局处以行政处罚、责令改正违法行为决定书及政府网站上发布的国控重点污染原检测和对比检查报告等，以此证明南化公司在2015年1月至2016年7月底期间存在多次超标排放大气污染物行为，并向南京市中级人民法院提起环境公益诉讼。诉讼请求为：①要求南化公司停止超标排放，消除不遵守环境保护法律法规行为；②支付上述期间不遵守环境保护法律法规行为排放的污染物所产生的大额大气治理费用；③在省级以上媒体向社会公众公开赔礼道歉；④支付原告因此案发生的差旅费、专家费、律师费、调查取证费等必要的诉讼支出；⑤承担此案全部诉讼费用。

南化公司收到应诉通知后，立即成立以公司总经理为组长的案件应对工作小组，聘请专业律师拟定应诉方案。在保证企业生产装置稳定运行、达标排放的前提下，与南京市政府、南京市中级人民法院积极沟通汇报。并通过集团公司能源环境部、法律部与某环保公益组织进行沟通，双方共同选定环境损害鉴定评估机构并出具评估报告。在法庭主持下，南化公司邀请原告来南化公司现场考察环保治理效果，取得原告的理解和信任，双方一致确认以鉴定报告作为认定事实的依据，确定生态环境损害修复费用共计 28.3 万元。因该案系南京市第一起环保公益诉讼，江苏省高院高度重视，并提出环境损害修复费用认定过低。南化公司获悉后明确表示，自愿出资 200 万元用于南京地区生态环境保护，包括提供劳役代偿（用于当地生态环境治理，增强公民环保意识）、进一步加大技改投入（以实现超低排放进而弥补修复环境）等方式积极弥补、修复当地生态环境。

2017 年 6 月 28 日，南京市中级人民法院正式签发民事调解书，双方和解结案。

二、法律分析

本案是一起典型的环境民事公益诉讼案件。《环境保护法》第五十八条规定，对污染环境、破坏生态，损害社会公共利益的行为，符合下列条件的社会组织可以向人民法院提起诉讼：依法在设区的市级以上人民政府民政部门登记；专门从事环境保护公益活动连续五年以上且无违法记录。符合前款规定的社会组织向人民法院提起诉讼，人民法院应当依法受理。提起诉讼的社会组织不得通过诉讼牟取经济利益。环境公益诉讼制度打破了诉讼主体应具有利害关系的相关性，赋予任何组织或个人，为了维护国家、社会利益都可向侵害公共环境利益主体提起侵权之诉的权利。

环境污染侵权实行“举证责任倒置”，即因环境污染引起的损害赔偿诉讼，由加害方就法律规定的免责事由及其行为与损害结果之间不存在因果关系承担举证责任。树立环境保护管理全过程证据意识，及时有效收集、保存证据，确保关键事实均有证据支撑。比如：危险化学品生产、储存、运输、销售、排污许可证等资格资质类证据，安评、环评报告等书证原件，必须做到“走足程序、留下痕迹”，确保依法规范管理，有效防范法律风险。与此同时要注重对外提供证据的管理，对贯彻证据管理制度不力，故意毁灭证据，疏于管理丢失重要证据，未经审核擅自对外提供不利证据资料的，应根据集团公司有关规定严格追究相应责任。

环境民事公益诉讼具有受害人众多，侵害范围广，因果关系复杂，取证、鉴定程序繁琐，做出判决的成本高昂等特点。诉讼中选择以和解方式解决纠纷，既可以切实提高效率，减轻诉讼负担，还能弱化双方的对抗性，缓解社会批评，维护企业形象，从而得以最小的代价、最低的社会影响化解纠纷。调解结案是环境公益诉讼案件较好的解决方式，也是目前世界各国处理环境公益诉讼的惯常做法。

三、启示体会

与一般环境民事侵权案件相比，环保公益民事诉讼的典型特征是通过民事诉讼救济手段，实现对被污染环境的治理和修复，保护公众生态环境。环境民事公益案件因具有公益性，社会关注更为强烈，处理不当可能对企业声誉造成较大负面影响。

发生环保公益诉讼案件后，涉案单位应积极响应。在收到司法机关应诉通知后，及时主动向上级法律部门汇报，同时迅速成立企业内部环境公益诉讼应对工作组，统一协调法律、环境保护、生产、宣传等部门工作，积极与原告及其代理律师联系沟通，了解清楚原告诉求，共同控制媒体参与，避免舆论炒作，减少负面影响。对外主动与受理法院、市政府、环境保护监督管理部门、原告等单位沟通协调，促使环境公益诉讼案件以较为理想的和解方式结案。

由于石油、石化行业的特殊性，环保案件被诉概率高、社会连锁反应大、责任承担成本高。相关企业要以案为鉴、举一反三，加强环保合规管理与污染治理。严格建设项目环保管理，持续推进历史遗留问题及生态红线区内环保问题整改，杜绝新增建设项目环保违规问题。重点推进环境保护治理项目，确保按期实现达标排放。持续推广绿色低碳、清洁生产工艺技术，淘汰高能耗重污染落后产能。建立健全环境保护管理体系，保障企业生产经营达到或高于国家与地方环境保护监管要求，从源头上杜绝环境保护案件的发生。

法规识别应重视　风险处置要及时

——海南某公司苯乙烯焦油处置案件

【摘要】2016 年 8 月 1 日，国家环境保护部、发改委、公安部联合颁布了《国家危险废物名录》，首次将苯乙烯焦油列为危险废物。海南某化工有限公司未及时进行法规识别，仍出售苯乙烯焦油 112 吨，受到海南省生态环境保护厅下达整改通知、进行行政处罚和移交司法的制裁。相关责任人以涉嫌污染环境罪被刑事立案侦查。后经多方沟通、协调，以该批次苯乙烯焦油销售未造成环境损害后果为由，得以撤案处理。

一、基本案情及处理过程

海南某化工有限公司（以下简称“某公司”）主要业务是采用稀乙烯法制乙苯 / 苯乙烯，生产过程中会产生苯乙烯焦油，某公司一直将其作为副产品进行销售。2016 年 8 月 1 日，《国家危险废物名录》正式施行，明确苯乙烯焦油为危险废物。2016 年 8 月至 9 月期间，某公司仍按原途径将 3 批次共计 112 吨苯乙烯焦油按副产物出售。海南省环保厅对此予以行政处罚后，于 2017 年 1 月以涉嫌污染环境罪移交省公安厅审查，该公司 5 位主管领导和直接责任人被刑事立案侦查。

案件发生后，总部能环部、法律部指导涉案企业迅速成立工作组，及时与国家环保部、海南省公安厅等部门进行协调、沟通和交流。取得了国家环保部政策法规司提出的下游客户企业在利用苯乙烯焦油作为燃料的过程中有无超标排放、非法倾倒、非法处置等行为作为是否构成污染环境依据的意见；争取到海南省政府部门认可案件判定的关键为，销售苯乙烯焦油的行为是否造成事实环境污染损害。经实地侦查和环评检测，确认销售行为未造成环境损害后果。2017 年 12 月 20 日至 22 日，洋浦经济开发区管委会多次召开政法专题会议，协调讨论处理方案。2017 年 12 月 25 日，洋浦公安局做出了撤销案件调查决定。

二、法律分析

本案是全系统近年来发生的首例涉及环境问题被刑事调查的案件。案件争议的焦点为某公司违规处置危险废物事实存在是否构成犯罪。

根据 2017 年 1 月 1 日实施的《最高人民法院、最高人民检察院关于办理污染环境刑事案件适用法律若干问题的解释》第一及第六条规定：非法排放、倾倒、处置危险废物三吨以上的应当认定为“严重污染环境”“实施前款规定的行为，不具有超标排放污染物、非法倾倒污染物或者其他违法造成污染环境的情形的，可以认定为非法经营情节显著轻微危害不大，不认为是犯罪”。某销售行为是否应被追究刑事责任取决于受托处置方污染环境的危害程度。如果受托处置方造成了严重污染环境的后果，已被法院按照污染环境罪追究刑事责任，法院可对某作为共犯处以罚金，并对相关责任人追究刑事责任。如果受托处置方没有造成严重污染环境的后果，某涉案行为应被认定为“情节显著轻微危害不大，不认为是犯罪”，仅适用行政处罚。

三、启示体会

环保类案件的频发，一方面反映了国家不断加大环保执法力度、公民和社会组织的环保和维权意识提高，同时也暴露出部分企业在环保法律法规的识别宣贯、环保风险的防范化解和环保行政处罚应对等方面还存在着问题和薄弱环节。企业应加强合规运营意识，加大环境保护普法宣传力度，及时关注国家相关法律法规调整变化情况，结合生产经营实际与作业流程，及时完善本单位危险废物目录，进一步规范固废与危险废物的处理处置，严格实行危险废物全过程管理，确保合法合规处置。

建立争议化解法律源头介入和争议化解多方沟通机制。企业环保、生产等相关部门一旦预警到可能出现环保争议问题，或受到国家及地方环保部门约谈、通报、限期整改、挂牌督办、处罚等情形，应及时通报所在企业法律部门，通过法律部门的及早介入，有效避免和化解诉讼风险。同时，企业在日常工作中要着力构建良好的环境保护外部工作环境，主动加强与当地政府部门、司法机关、环保公益组织之间的沟通互动，增进理解合作，为化解矛盾、定纷止争，营造良好的环保治理共商共管的外部格局。

知识产权类案件

专利纠纷路曲折 最高院再审定终局

——一起因被诉专利侵权引发的系列案件

【摘要】A 单位公司收到 B 公司的商谈函，称 A 单位的在 C 公司实施的 M 技术使用了 B 公司的技术，要求与 A 单位合作进行技术推广。A 公司未同意，B 公司以 M 技术侵犯其专利为由，将 A 单位和 C 公司诉至北京知产法院，要求赔偿损失 9900 万元，停止侵权。A 单位遂无效 B 公司的涉案专利，在无效和二审程序失利的情况下，通过启动最高院再审程序取得了案件最终的胜诉。

一、基本案情

2014 年 12 月中旬，A 单位公司收到 B 公司的商谈函，称 A 单位的在 C 公司实施的 M 技术使用了 B 公司的技术，要求与 A 单位合作进行技术推广，A 单位未同意。

2015 年 4 月，A 单位收到北京知识产权法院的传票，B 公司提起诉讼，称 A 单位及其 A 单位的技术使用最终用户 C 公司未经许可使用了其专利，给其造成经济损失，要求立即停止侵犯其专利权的行为，赔偿经济损失 1 万元。

A 单位收到传票后，立即沟通北京知产法院，要求延迟提交证据，并向北京知产法院和北京高院提起管辖异议，并提出了中止审理请求，以争取时间，积极准备应诉，同时在 2015 年 5 月向专利局复审委申请涉案专利无效。

2015 年 11 月，复审委做出了维持涉案专利有效的决定。A 单位认为复审委的决定存在明显的事实认定错误，于 2016 年 2 月向北京知产法院提起专利无效行政诉讼；

2016 年 4 月，B 公司将专利侵权案件的标的额从 1 万元提升至 9900 万元；

2016 年 11 月，北京知产法院行政庭经开庭审理后认为，涉案专利不具备创造性，做出行政判决，撤销了复审委的专利有效决定；专利权人不服，向北京高院提起上诉；

2017 年 2 月，北京知产法院侵权案件合议庭做出中止案件审理的裁定；

2017 年 7 月，北京知产法院侵权案件合议庭做出裁定，驳回 B 公司对 A 单位和 C 公司的起诉。

2017 年 11 月，北京高院作出行政终审判决，撤销了北京知产法院的专利无效行政一审判决，支持了复审委对涉案专利有效性决定；

A 单位不服北京高院的行政二审判决，向最高人民法院提起行政再审申请；2018 年 8 月 30 日，最高院做出行政裁定书，裁定本案由最高院提审，再审期间中止原判决执行。

2019 年 2 月 28 日，最高院终审判决，认定该专利不具有创造性，判定撤销北京高院的二审判决，维持北京知产法院的一审判决，即要求国家知识产权局专利复审委重新做出决定。

二、法律分析

本案为典型的专利案件中的发明专利侵权案件，案件涉及专利侵权之诉和专利无效之诉两个并行的诉讼程序，主要涉及以下的法律法规和规章：

1. 专利法关于专利无效法律后果的规定

2008专利法第四十七条规定，宣告无效的专利权视为自始即不存在。宣告专利权无效的决定，对在宣告专利权无效前人民法院做出并已执行的专利侵权的判决、调解书，已经履行或者强制执行的专利侵权纠纷处理决定，以及已经履行的专利实施许可合同和专利权转让合同，不具有追溯力。但是因专利权人的恶意给他人造成的损失，应当给予赔偿。

2. 司法解释关于发明专利侵权案件审理规定

《最高人民法院关于审理专利纠纷案件适用法律问题的若干规定》[法释〔2015〕4号]第十一条规定，人民法院受理的侵犯发明专利权纠纷案件或者经专利复审委员会审查维持专利权的侵犯实用新型、外观设计专利权纠纷案件，被告在答辩期间内请求宣告该项专利权无效的，人民法院可以不中止诉讼。

根据以上两项法律规定，对于发明专利侵权纠纷，一旦原告方起诉立案，即使被告方启动涉案专利无效程序，也不必然能够中止侵权案件的审理程序，而且，一旦侵权案件判决侵权成立并生效执行，即使此后涉案专利被无效成功，按照专利法第四十七条规定，对以前的判决也没有溯及力。

鉴此，在本案件的处理中，我方一方面尽快启动涉案专利无效的程序，另一方面，力争延缓侵权案件的进程，采取了申请管辖异议、延迟答辩、延迟举证期限、申请中止审理、申请增加第三人等一系列的延迟程序策略，使侵权案件的审判进程和专利无效案件的进程匹配，最终，专利无效案一审判决撤销了专利复审委的专利有效决定，专利侵权审判庭中止了侵权案件审理，并以此裁定驳回了对方的起诉。

3. 专利法关于授予专利权的条件

专利法第二十二条规定，授予专利权的发明和实用新型，应当具备新颖性、创造性和实用性。创造性，是指与现有技术相比，该发明具有突出的实质性特点和显著的进步，该实用新型具有实质性特点和进步。本法所称现有技术，是指申请日以前在国内外为公众所知的技术。

符合创造性要求，是授予专利权的必要条件。

4. 关于创造性的审查标准

专利审查指南（2010）第二部分第四章2.2条对如何判定突出的实质性特点规定，发明有突出的实质性特点，是指对所属技术领域的技术人员来说，发明相对于现有技术是非显而易见的。如果发明是所属技术领域的技术人员在现有技术的基础上仅仅通过合乎逻辑的分析、推理或者有限的试验可以得到的，则该发明是显而易见的，也就不具备突出的实质性特点。2.3条对如何判定显著的进步规定，发明有显著的进步，是指发明与现有技术相比能够产生有益的技术效果。例如，发明克服了现有技术中存在的缺点和不足，或者为解决某一技术问题提供了一种不同构思的技术方案，或者代表某种新的技术发展趋势。

如何判断一项发明是否具有创造性，最关键是发明相对于现有技术是非显而易见的且具有有益的技术效果。

5. 关于专利权的保护范围

专利法第五十九条规定，发明或者实用新型专利权的保护范围以其权利要求的内容为准，说明书及附图可以用于解释权利要求的内容。

最高院认为，涉案专利是否有效，涉及两个焦点问题。第一，如何理解本专利的区别技术特征“催化剂冷却器下游设有催化剂混合缓冲空间混合缓冲空间”，最高法院认为，按照专利法规定，专利权的保护范围以其权利要求的内容为准，说明书及附图可以用于解释权利要求的内容。而根据本专利说明书以及附图，只公开了在催化剂冷却器（8A）下部设置混合缓冲空间（9A）的技术内容，并未公开在催化剂冷却器后方设置混合缓冲空间的内容，而且在专利说明书中并未对混合缓冲空间的具体结构、技术效果进行进一步的说明，故“混合缓冲空间”应当理解为在催化剂冷却器下部设置的特定空间，用于混合缓冲经过冷却的催化剂。

第二个焦点问题，权利要求是否具有创造性。本专利的区别技术特征“催化剂冷却器下游设有催化剂混合缓冲空间”，相对于对比文件 1 中没有明确公开在催化剂下方设置混合缓冲空间，但其下方确实存在与本专利中“混合缓冲空间”对应的特定空间，本技术领域的人员很容易想到将该特定空间设置为实现混合缓冲冷却催化剂的功能，且专利权人庭审中多次承认缓和缓冲空间为公知常识。按照前述专利法及专利审查指南规定的创造性判断方法，如果区别技术特征为公知常识，则通常认为现有技术中存在技术启示，权利要求保护的内容是显而易见的，故专利要求 1 不具备创造性。

三、启示体会

1. 专利侵权诉讼常伴随着专利无效诉讼同时开展

作为被告一方，一般不愿意在法庭上将自己的技术方案和专利权人的权利要求进行对比，这不仅涉及泄密，而且在技术认定上具有很大的不确定性，而无效对方的专利，釜底抽薪，实现不战而屈人之兵，可避开不利于自己正面对弈。

2. 知识产权纠纷背后往往是市场的竞争，是双方综合实力的博弈

在本案的处理中，A公司制定组合应对策略，不仅直面应对对方的侵权之诉，无效对方的涉案专利，而且主动无效对方的其他专利，积极收集对方的侵权证据准备提起侵权之诉，最终从被动应对变为主动防御；在无效案件从复审委无效失利、一审胜诉、二审失利一波三折的情况，积极组织院士专家、法律专家对专利的技术问题和法律问题进行论证，明辨事实；在案件审理受到干扰时，启动人大代表监督职能，最终通过最高院再审程序得到公平公正的结果。

商业秘密维权难　强化管理防泄密

——石炼化某成套技术秘密被侵权案

【摘要】AA 技术是中国石化拥有自主知识产权的专有技术，授权中国石化石家庄炼化分公司（以下简称石炼化）使用。石炼化原 A 项目负责人及技术骨干赵某、曹某等人，利用在石炼化工作的便利，离职时私自带走载有氨肟化技术及 A 生产方面的商业秘密文件并将该项技术提供给其他公司使用。上述人员的行为已涉嫌构成侵犯商业秘密罪，对中国石化造成了巨大损失。该案仍在法院审理阶段。

一、基本案情及处理过程

中国石化从 20 世纪 90 年代中期开始 A 相关技术研发工作。经过近 20 年的努力，成功开发出具有自主知识产权的第一代己内酰胺生产技术，并于 2006 年投入工业化生产。

2010 年以来，在巨大经济利益驱使下，某些地方企业和私营企业采取高薪挖人、盗窃、收买图纸等不法手段获取 A 生产技术，严重侵犯中国石化的商业秘密。截至目前，山东、内蒙古、江苏、河南、福建、山西、湖北等地已建成、在建、拟建 A 装置多达 10 余套，装置产能合计 260 余万吨。侵权企业的恶性竞争导致 A 价格快速下滑，市场秩序遭到严重破坏，中国石化因此遭受重大损失。

2011 年 1 月，中国石化成立由法律部、科技部、石科院、石炼化、巴陵石化等部门和单位组成的维权工作组，先期以石炼化为主体，向石家庄公安机关报案，启动刑事调查程序。

石家庄市公安局高度重视，于 2012 年 4 月成立“4·1”专案工作组，开展艰巨、细致的侦查工作。专案组先后赴山东、福建、浙江、北京、天津、内蒙古、宁夏、江苏、湖北等地调查取证，获得了重要案件线索。经过 4 年多的侦查，截至 2016 年 5 月，共抓获赵某、曹某等 7 名犯罪嫌疑人。在侦办此案过程中，还发现涉案生产企业、设计单位等，均涉嫌侵犯中国石化的技术秘密。

2016 年 10 月 10 日，石家庄裕华区检察院在石家庄市裕华区法院对曹某等 6 人提起公诉。2017 年 3 月 10 日，石家庄裕华区检察院在石家庄市裕华区法院对赵某提起公诉。2018 年 8 月 7 日，石家庄裕华区法院做出一审判决，认定赵某等 7 人侵犯商业秘密。其后赵某等人上诉，案件仍在二审阶段。

二、法律分析

《刑法》第二百一十九条规定：“有下列侵犯商业秘密行为之一，给商业秘密的权利人造成重大损失的，处 3 年以下有期徒刑或者拘役，并处或者单处罚金；造成特别严重后果的，处 3 年以上 7 年以下有期徒刑，并处罚金：

（一）以盗窃、利诱、胁迫或者其他不正当手段获取权利人的商业秘密的；

（二）披露、使用或者允许他人使用以前项手段获取的权利人的商业秘密的；

（三）违反约定或者违反权利人有关保守商业秘密的要求，披露、使用或者允许他人使用其所掌握的商业秘密的。

明知或者应知前款所列行为，获取、使用或者披露他人的商业秘密的，以侵犯商业秘密论。

本条所称商业秘密，是指不为公众所知悉，能为权利人带来经济利益，具有实用性并经权利人采取保密措施的技术信息和经营信息。本条所称权利人，是指商业秘密的所有人和经商业秘密所有人许可的商业秘密使用人。”

首先，通过《司法鉴定意见书》、技术研发及许可合同、离职员工签署的保密协议、离职保密承诺函等证据，证明赵某等人所窃取的技术资料属不为公众所知悉的技术信息，且石炼化采取了必要的保密措施，相关离职员工应负有保密义务。此外，根据资产评估公司出具的《价值评估鉴定报告》，中国石化因赵某等人的犯罪行为，直接遭受了上亿元经济损失，证明了该技术的经济价值。

第二，赵某等人实施侵犯商业秘密行为属实。2009 年 9 月，赵某仍在石炼化工作期间就违规受聘于山东某化工有限公司，帮助其他公司建设 A 生产项目。2009 年离职时，赵某违反保密规定及保密义务，私自偷走载有氨肟化技术及己内酰胺生产方面商业秘密的技术资料，并将该技术秘密资料非法披露给他人。曹某等人离职时从石炼化非法带走 A 技术秘密也已查证属实。

第三，部分设计公司及其相关人员也存在侵犯商业秘密犯罪重大嫌疑，应对其侵权行为承担相应法律责任。

三、启示体会

A 核心技术秘密的泄密给中国石化带来了巨大的经济损失。在公司商业秘密管理、知识产权保护等方面值得总结借鉴：

（1）严格执行保密和知识产权管理相关制度，增强核心商业秘密保护措施。严格规范保密工作，加强公司专有技术、重要专用技术、涉密人员的管理，保护商业秘密，有效实施竞业限制措施，保护企业知识产权不受侵犯。

（2）加强技术资料、工艺包的管理。公司应加强对技术资料和工艺包的统一管理，所有技术秘密必须留存在指定场所，不得随意带出。借阅和复印都应经公司有关部门的审批登记，防止涉密资料外泄。

（3）强化涉密人员离职管理。严格把关离职手续的办理，对于重点涉密人员，除与其签订《员工保密协议》外，离职前还应签订《离职承诺书》和《竞业限制协议》。

离职人员泄商秘　艰难维权挽损失

——某石化公司技术秘密被侵权案

【摘要】某石化公司重金引进和买断某橡胶成套生产技术，结合自身技术攻关和改进，形成了具有自主知识产权的成套技术，某橡胶投产后效益良好。B公司通过聘用某石化公司橡胶厂的离职技术人员，快速建成生产装置，对某石化公司形成严重市场冲击。为维护合法权益，某石化公司向法院起诉B公司及其关联企业、员工侵犯其商业秘密。经过艰难维权，法院判决全额支持了某石化公司的索赔。

一、基本案情及处理过程

某石化公司某橡胶技术系20世纪90年代从国际市场花费数千万美元引进。后经某石化公司的技术攻关和改进，形成了专有技术。其后某石化公司又以2556万欧元的价格在欧盟、亚太区域性买断该技术，至此，某石化公司完全拥有了具有自主知识产权的某橡胶成套生产技术。橡胶产品投产后取得良好效益，最高时盈利达每吨数万元。其后，B公司高薪聘用某石化公司离职技术人员，开始建设相似装置，并在短时间内建成投产。由于不存在技术引进和研发支出，B公司产出的橡胶产品对整个市场形成较大冲击，某石化公司的某橡胶利润从每年数亿元急遽跌至长期亏损。

为维护企业合法权益，某石化公司配合相关部门、单位成立某橡胶技术秘密案件工作组，启动法律维权工作。经过长时间的调查取证和准备，某石化公司正式向法院提起诉讼。经过艰难的诉讼程序，法院组织完成对B公司橡胶装置的现场勘验，发现B公司装置中反应釜的主要技术参数基本与某石化公司装置参数一致。此后，原被告双方在法院主持下完成图纸比对工作，当庭确认B公司的装置在反应釜结构、管线位置等多余项秘密点与某石化公司完全一致。

经审理，法院对本案做出一审判决，确认了B公司及相关被告的侵权事实，全额支持了某石化公司的赔偿金额，判令被告连带赔偿某石化公司经济损失数千万元及相应的合理支出。同时，判令各个被告停止侵害某石化公司商业秘密的行为、返回商业秘密资料，无法返回的予以销毁，并改造装置以不包含涉案秘密。本案的赔偿额度刷新了国内同类案件法院支持的赔偿额度新高。在案件维权工作中，某石化公司在上级公司有关部门的指导下，得到了集团旗下其他企业的积极配合，为取得法官支持和胜诉起到了决定作用。

二、法律分析

本案的法律依据主要是反不正当竞争法第十条：经营者不得采用下列手段侵犯商业秘密：（一）以盗窃、利诱、胁迫或者其他不正当手段获取权利人的商业秘密；（二）披露、使用或者允许他人使用以前项手段获取的权利人的商业秘密；（三）违反约定或者违反权利人有关保守商业秘密的要求，披露、使用或者允许他人使用其所掌握的商业秘密。

第三人明知或者应知前款所列违法行为，获取、使用或者披露他人的商业秘密，视为侵犯商业秘密。

本条所称的商业秘密，是指不为公众所知悉、能为权利人带来经济利益、具有实用性并经权利人采取保密措施的技术信息和经营信息。

三、启示体会

（一）存在问题

企业在完善知识产权管理和保护尤其是技术秘密的保护上，还存在不少薄弱环节，归纳为以下几方面：

1. 核心技术接触人员范围过广，保护措施不到位

研发过程不可能限制技术人员交流，但未对涉密资料的接触范围和涉密人员加以严格限制，保密措施不得力，容易导致技术外泄。

2. 技术人员流失导致技术流失的现象严重

地方企业、民营企业等公司高薪吸引掌握核心技术的关键人员、内外勾结，采取不法手段获取相关技术图纸，达到其最终获取成套生产技术的目的。据了解，B公司从技术总监到操作工，来自某石化公司跳槽的某橡胶技术人员就有10多人。技术人员离职后动向难以掌控，给法律维权造成了极大的困难。

3. 技术管理制度的执行和落实不到位

集团公司关于知识产权保护的管理制度已较为健全，但企业重视程度不够，制度执行不到位，管理粗放是导致核心商业秘密流失的重要因素之一。

（二）工作建议

1. 做好技术保密，强化技术人员资料管理

技术保密的两个关键因素，一方面做好资料和图纸保密管理；另一方面是做好人员和涉密岗位保密管理。

2. 实施竞业限制，强化离职人员管理

为避免出现相关人员离职后从事竞业限制业务，造成企业客户流失、知识产权被侵害、生产经营受损的局面，企业应与相关高级管理人员、核心技术人员和其他负有保密义务的员工签订《保密和竞业限制协议》，约定保密事项，明确竞业限制的范围、地域和期限，并在其离职时视情进行补偿。

3. 注重过程管理，建立知识产权档案

在过程管理方面，切实做到流程管理和职务发明成果痕迹化、技术许可权利明晰化、客户关系合同化、文本使用标准化、载体管控严密化。建立知识产权档案，注意保存研发记录、权利证书、缴费记录、知识产权合同、对方提供的权利证明文件等资料。

4. 发挥整体优势，加大侵权打击力度

深入宣传知识产权法律法规和政策，以案说法，提高对知识产权保护重要性的认识。建立技术秘密流失的预警与通报制度并健全维权奖惩措施。对已发现的侵权线索和证据，发挥企业整体优势，尽一切可能积极维权，使不法分子受到惩处，为侵权行为付出应有的代价。

高工跳槽侵商密　民刑追诉保权益

——江钻公司技术秘密被侵权案

【摘要】 2001年，江汉石油钻头股份公司（2015年更名为中石化石油机械股份有限公司，以下简称江钻）高级工程师幸某跳槽到天津某钻头公司，将江钻的牙轮钻头制造技术秘密泄露给该公司，并指导其建立牙轮钻头生产线，给江钻造成巨大损失。江钻向江汉油田公安局报案，公安经过一年多的艰苦侦查，锁定了犯罪证据。经检察院公诉，幸某最终被判侵犯商业秘密罪。刑事案件结案后，江钻对天津某公司和幸某提起民事诉讼，案件最终以法院调解方式结案，天津某公司停止生产侵权产品，并支付江钻1700万元赔偿金。

一、基本案情及处理过程

江钻的牙轮钻头制造技术是20世纪80年代耗费巨资从美国休斯公司引进的国内专有技术。经过江钻人多年的消化吸收和再研发，该技术一直保持着国内领先地位。幸某是江钻的高级工程师，曾作为技术人员被江钻多次派至美国学习牙轮钻头制造技术，知悉江钻关于技术秘密的保密制度规定。2001年，天津某钻头公司（以下简称某公司）以优厚条件吸引幸某跳槽。2002年3月，幸某担任天津某公司技术部部长，制订天津某公司相关技术标准、操作规程等，指导天津某公司建立牙轮钻头生产线，导致天津某公司仅用两年多时间，就走过江钻十几年科研开发路程。

2005 年，江钻发现以生产螺杆钻具为主的天津某公司却生产销售了大量与江钻产品类似的钻头，随即向油田公安局报案。油田公安局迅速组建专案组，经过一年多的侦查，获取了大量证据。面对铁证，幸某承认离开江钻公司时，带走了江钻原始图纸，并承认天津某公司的钻头轴承、金属密封环图纸为其设计。2007 年 11 月，湖北省潜江市人民法院一审，对幸某侵犯商业秘密进行判决。2008 年 5 月，湖北省汉江中级法院终审，幸某被判处有期徒刑 6 年，并处罚金 5 万元。

为进一步维护合法权益，2008 年 6 月，江钻以幸某和天津某钻头公司为被告，向湖北省汉江中级人民法院提起民事诉讼，诉请幸某和天津某公司停止侵权，赔偿损失 1069 万元。案件历经波折，最终由湖北高院就该案开庭进行了审理，后经多次调解，最终于 2009 年 9 月底调解结案。调解结果为：①天津某公司停止生产双金属密封钻头；已经生产出的双金属密封钻头由天津某公司销售，销售期为半年；以后再生产、销售的，发现一只赔偿 10 万元。②天津某公司共补偿给江钻 1700 万元。③天津某公司在天津开发区法院撤回对江钻提起的确认不侵权诉讼。④天津某公司的股东及关联公司等均书面承诺不生产、销售双金属密封钻头，也不投资经营双金属密封钻头企业。

本案相关纠纷前后耗时近 5 年，多家媒体进行了跟踪报道。案件审结后，被《中国法院知识产权司法保护状况（2009 年）》列为 2009 年人民法院审理的案件中，一批社会关注度高、影响面广乃至于在国际上都有重大影响的“十大案件”之一。同时作为当时全国量刑最重的侵犯商业秘密案，收录在 2008 年最高人民法院公布的改革开放 30 年来 100 件全国知识产权司法保护典型案例中。

二、法律分析

本案主要涉及商业秘密及侵犯商业秘密行为法律规定。《反不正当竞争法》第 10 条第 3 项规定：商业秘密，是指不为公众所知悉、能为权利人带来经济利益、具有实用性并经权利人采取保密措施的技术信息和经营信息。《刑法》第 219 条规定：有下列侵犯商业秘密行为之一，给商业秘密的权利人造成重大损失的，处 3 年以下有期徒刑或者拘役，并处或者单处罚金；造成特别严重后果的，处 3 年以上 7 年以下有期徒刑，并处罚金：（一）以盗窃、利诱、胁迫或者其他不正当手段获取权利人的商业秘密的；（二）披露、使用或者允许他人使用以前项手段获取的权利人的商业秘密的；（三）违反约定或者违反权利人有关保守商业秘密的要求，披露、使用或者允许他人使用其所掌握的商业秘密的。明知或者应知前款所列行为，获取、使用或者披露他人的商业秘密的，以侵犯商业秘密论。

三、启示体会

商业秘密是企业获取竞争优势的重要资源。商业秘密被侵犯将使权利人竞争优势降低，市场份额减少，甚至会因商业秘密被公开而导致企业赖以生存的核心竞争力灭失。防止离职员工泄密是企业管理的重要方面，本案给企业保护商业秘密和涉密员工管理提出了警示和要求。

1. 加强保密协议、竞业限制协议的签订管理

保密协议不仅事先规定了哪些是商业秘密，以及双方对商业秘密保护的权利义务，更是权利人对商业秘密采取了保密措施的证据，给商业秘密赋予了法定属性，为提起商业秘密的法律保护创造了不

可缺失的条件。竞业限制协议不仅构建了离职人员与相关市场的隔离墙，使其从企业获得的资料无用武之地，而且可以提早打消员工以企业技术为身价跳槽发财的不良念头，从而起到防范企业技术的“外用”或“外泄”。

2. 注重知识产权保护体系的构建是成功维权的重要条件

江钻把秘密项点细分为技术信息、经营信息和工作秘密，积极防范，突出重点，授权涉密，逐级负责，制发10项文件，建立健全企业保密体系。这些不仅为该案提供了事实基础，也为坚决打击侵权行为增强了信心和决心。

3. 严格离职手续管理

员工离职前，务必做好与离职员工的工作交接，认真审核其离职手续。特别要清理并交接其在本单位工作期间，因职务上的需要或因其他原因所持有或保管的一切记录商业秘密的文件、资料、图表、笔记、报告、信件、磁带以及其他任何形式的载体，不给其以可乘之机。

4. 加强动态跟踪及时打击侵权

企业要建立对离职人员，特别是关键人员的追踪机制，了解离职人员的动向，掌握其从事的工作行业、单位和性质，及时发现和干预处理侵犯商业秘密的事件。

加油站网点发展类案件

占我土地七余载　律剑一挥正义存

——四川石油加油站建设用地排除妨害纠纷案

【摘要】2007 年 11 月，中石化销售有限公司川渝分公司（现改名为四川公司）全资收购了成都必好商贸有限责任公司（以下简称“必好公司”），取得了该公司的 × 块国有土地使用权，拟用于建设必好加油加气站（以下简称“必好站”）。2011 年 8 月，四川公司进场时发现 A 村居委会擅自拆除该地块上的保护围墙，并将土地交由四川 ×× 运业有限公司（以下简称“B 公司”）用作经营使用。经多方交涉，二者仍拒不归还土地，且向四川公司索要大额无理费用。2017 年 7 月，四川公司依法向人民法院提起诉讼，对二者侵权事实予以公证，举报揭发了 A 居委会上级管辖单位即 C 街道办主任刘 ×× 的贪腐事实，最终夺回价值 1.5 亿元的建设用地。

一、基本案情

土地被占，恶意牟利。2007 年 11 月，四川公司以 2950 万元完成对必好公司的全资股权收购，取得了该公司于 2004 年 2 月 4 日取得的位于成都市成华区 A 村的 × 块国有土地使用权，占地面积 1 万平方米，拟用于建设必好站。因需要解决加油站与周边建筑的安全距离等问题，四川公司围绕该地块的红线修建了围墙，予以保护。

2011 年 8 月，四川公司按成都市政府批示完成前期相关准备工作，取得了该站的建设手续，却在进场时发现，A 居委会在未经我司允许的情况下擅自拆除围墙，非法占有土地后交由 B 公司使用，B 公司在该地块上修建了棚式商铺、停车场，并冠以“×× 不锈钢建材市场”名称，出租予数十家商户，从中牟取不当利益。

强索钱财，维权无果。2012 年，四川公司与 × 地块的属地管理部门 C 街道办及 A 居委会沟通协商，希望其能出面要求 B 公司退场，归还我司土地。令人意外的是，C 街道办主任刘 ×× 不但未体现保护国有资产的坚决态度，反而认为我司无理取闹，甚至代表 B 公司漫天要价，要求我公司向其支付 180 万元退场费，遭到我公司当场拒绝。过程中，刘 ×× 完全不顾个人公职人员身份，态度傲慢，多次明确表示我公司可以通过诉讼解决此事，但若不向 B 公司结清退场费，届时将肯定存在无法执行的可能性。

此后长达 5 年，四川公司一直向油品销售的行业主管部门成都市能源办、成华区经济和科学技术局、成华区人民政府等单位，逐一报送《关于必好油气合建项目无法进场施工的情况汇报》等紧急报告，请求上述职能部门督促相关责任单位立即停止侵害，保护国有资产，但并无实质进展。

提起诉讼，排除妨害。鉴于区政府各职能部门的行政不作为及 C 街道办的蛮横态度；且因该地块被强占多年，成都市三环路内土地大幅增值，必好加油站的 1 万平方米建设用地已经涨至约 1.5 亿元，而我司已投入的项目投资资金始终无法产生效益，经四川公司班子研究决定通过诉讼解决必好项目被非法侵占的历史遗留问题。

2017 年 7 月 7 日，四川公司以 A 居委会、B 公司以及建材市场的某几位租户为被告向成都市××人民法院提请诉讼，要求其停止侵害，恢复原状，返还土地，并赔偿四川公司各项损失共计5344418元。随后，B公司提起反诉，要求四川公司赔偿其各项损失6966228元，并承担反诉案件受理费。

四川石油分公司启动法律维权采取的救济措施具体如下：

（1）理清侵权主体，明确诉讼被告。在现场走访过程中，因案涉土地已建成房屋，并由各商户进行经营活动。虽各商户均为侵权主体，但数量较多且难以完全查清主体信息，而依照规定提起诉讼必须有明确的被告，同时四川公司了解到，土地上所建房屋的出租主体依然为A村委会及B公司，经分析认为，本案不宜将各商户全部列为被告，而是以A村委会、B公司及几位信息确定的租户列为被告，而后可视实际情况决定是否追加其余商户。

（2）保全证据公证，取证侵权事实。由于案涉土地面积较广，且B公司除在土地上修建停车场外，还搭建有5078平方米的房屋用于出租牟利。通过保全证据公证，一方面可固定侵权事实，取得证据，另一方面，可直观留存B公司利用四川公司土地的经营状况，便于测算其不当收益，确定四川公司损失金额。

（3）多措并举，举报除恶，助推审判。庭审过程中，四川公司受到多方阻挠，形势反常，局面被动。法院方面，其对于被告明显的侵占事实不予审理，反而以被告受有损失要求双方调解；而B公司竟通过社会黑恶势力威胁四川公司办案人员，企图通过暴力威慑迫使四川公司撤诉。结合刘××公然出租国有资产牟取私利并帮助B公司索取钱财的系列违法违规行为，四川公司推测其与B公司可能存在非法利益输送，并企图利用政府公职人员身份妨碍司法公正。

一方面，四川公司一直向油品销售的行业主管部门进行协调，请求其督促相关责任单位（C街道办及A村委会）立即停止侵害，向对方施压；另一方面，鉴于形势严峻，四川公司对A居委会越权处置国有土地使用权，尤其是社区主任刘 ×× 在处理该事件中的诸多不正当行为进行梳理，形成了关于刘 ×× 涉嫌滥用职权的举报材料，向成都市成华区纪委、成都市纪委、成都市人民检察院及四川省国资委进行实名举报。

经过相关司法部门半年的侦查，发现刘 ×× 不仅在必好建设项目土地使用上存在与他人的利益交换，在C街道办管辖的其他土地项目中也存在腐败现象。最终，刘 ×× 被检察机关逮捕，受到了法律的制裁。四川公司通过举报，打掉了B公司背后的保护伞，破除了必好项目的最大障碍，B公司的嚣张气焰被浇灭，主动向四川公司提出调解方案。最终经法院主持，双方达成调解，被告负责拆除占用涉案土地上其自行修建的建筑物，并于2018年1月31日前将涉案土地交付给四川公司；若因被告B公司的原因逾期交付或未交付上述土地，按照每日1万元计算违约金。

二、法律评析

（一）关于本诉与反诉

反诉是基于同一法律关系（或相牵连的法律关系）而产生的不同诉讼请求，其目的具有对抗性，意图使本诉失去意义，吞并或抵消本诉的诉讼请求，在诉讼实务中常被用作诉讼技巧使用。在四川公司提起排除妨害诉讼之后，B公司随即提出反诉要求四川公司支付其包括垃圾清运费、房屋建设费等费用。B公司反诉的提出有利于分散四川公司的诉讼精力，律师不仅需要搜集各方证据力证对方的侵权事实及四川公司受到的损害，还需对B公司的诉请进行答辩，避免受到不利判决。

（二）案件争议焦点

本案焦点一：为A居委会与B公司签订合同占用四川公司项目用地进行经营活动是否侵权？

A村委会及B公司辩称，依照《中华人民共和国土地管理法》《闲置土地处置办法》的相关规定，未动工开发满两年的土地，人民政府有权无偿收回用地单位的土地使用权，且C街道办下发《C街道办事处关于A居民委员会右侧空地环境脏乱情况的处理意见》，要求A居委会对标的土地进行整治和管护，故二者签订《垃圾场代管合同》程序正当合法。但，政府土地管理部门并未作出任何行为表示收回我公司的土地使用权，且C街道办无权授权也并未授权A居委会在该地块上开展经营，A居委会的行为属无权处分，B公司在明知的情况下与其签订《垃圾代管合同》共同出资开展经营行为，合谋牟取不当利益，且拒不归还土地，二者的行为严重侵害了我公司的土地使用权。

本案焦点二：为B公司主张的各项损失及费用是否应由四川公司承担？

B公司主张的各项费用包括垃圾清运费、人工工资、拆迁赔偿费及搬迁费等。B公司明知该地块上存有真正的土地使用权人，但仍和居委会恶意串通于土地上兴建停车场及房屋用于经营活动牟取不当利益。根据《中华人民共和国合同法》第五十二条规定，该合同属于无效合同。因此，B公司不仅应当承担合同无效的法律责任，即自行承担由此产生的各项费用及损失，还应当承担因侵害四川公司土地使用权而产生的侵权责任，包括停止侵害、返回原物，赔偿损失等。

三、启示体会

（一）做好闲置土地的管理工作

取得土地使用权后，若因客观原因无法立即进行建设，要充分做好防护措施，防止第三人占用。在公司取得项目土地使用权后，若因客观原因无法进行建设，要注意对项目用地进行保护，例如建围墙、定期查看土地情况等。同时，可以视情况向该区域的村委会或居委会告知土地使用权所有情况。确保公司在第一时间发现突发情况，防止第三人占用项目用地。

（二）注意侵权证据的固定工作

对受到侵害前后对比的状态要及时固定证据，为将来的索赔提供支撑。要注意记录项目用地的初始情况，受到第三方侵权时要注意留存侵权状态的证据。在遭到侵权后，往往被侵权方不仅会主张赔偿损失，还会主张恢复原状，而原状如何及侵权事实的发生通常属于被侵权方应当证明的范围。因此，在发生侵害前后就要通过图像、视频或公证等方式对土地的原始状态及受到侵害的状态进行留存。

（三）及时启动对长期停滞项目的维权程序

发生侵害后，若通过协商无法解决，要立即通过法律途径维护权利，避免项目长期处于停滞状态。当侵害事实已经发生，在与侵权人或相关部门协调无果时，要立即通过法律途径维护自己的权利。本案中，虽然居委会拒不承认其对外签订出租土地的合同，但因涉及法院判决，其最终参与调解，并配合完成拆迁归还项目用地。

以租代购有风险　产权归属双方争

——某石油公司东江南路加油站以租代购合同纠纷案

【摘要】 为了抢占零售市场，某石油公司于2004年收购大山公司名下东江南路加油站。为节省税费，该石油公司与大山公司签订了一份以租代购协议。数年后，大山公司的股东将公司股份全部转让，新股东与该石油公司就东江南路加油站产权发生纠纷，诉之法院。历经一审、二审、再审程序，法院判决：东江南路加油站产权归属石油公司。最终，该石油公司通过启动强制执行程序，成功将加油站土地使用权证、房产证办理至该石油公司名下。

一、基本案情

2004年12月，为开拓零售市场，某石油公司以293万元的价格从大山公司收购东江南路加油站，双方约定转让加油站的相关税费均由石油分公司承担。为节省转让过程中的税费，石油公司用“以租代买”形式与大山公司签订一份《加油站租赁合同》，明确约定：租赁期限为20年。20年后由石油公司无偿使用至国土证有效年限为止，该站的国土证、红线图房产证原件均由石油公司保管。双方签订《加油站租赁合同》后，由于历史原因，该站产权一直未过户到石油公司名下。2012年1月，大山公司股东将该公司股权全部转让给张某，并办理了工商变更登记，变更后该公司的法人代表王某系张某妻子。2014–2015 年张某以东江南路加油站土地使用证、房产证遗失为由重新办理了该站的土地使用证、房产证。

2016 年 1 月起，新股东张某、王某与石油公司因东江南路加油站产权发生争议。1 月底，张某、王某以大山公司名义向法院起诉，要求依法确认该加油站地块的土地使用权、房屋所有权等归大山公司所有，并要求确认大山公司与石油公司签订的《加油站租赁合同》第 4 条（即石油公司可以无偿使用至土地使用年限届满止）无效等。在诉讼过程中，为维护合法权益，石油公司第一时间提起反诉，要求依法确认该加油站的土地使用权和房屋所有权归石油公司所有，请求法院判令大山公司依合同约定协助石油公司办理上述国土证、房产证转移登记。

本案历经一审、二审、再审程序，最终法院判决：依法确认东江南路加油站所处地块的国土使用权和房屋所有权及东江南路加油站所有设备设施归石油公司所有；大山公司在判决生效之日起 15 日内立协助办理上述国土证、房产证转移登记至石油公司名下等。

案件经省市两级石油公司齐心协力，通过强制执行程序，在判决生效后 15 日内，成功将该站土地证、房产证办理至石油公司名下。

二、法律评析

本案维权的关键：石油公司与大山公司签订的《加油站租赁合同》是租赁关系还是名为租赁实为买卖关系。

最高法院司法解释明确规定，有关民事合同性质的判定不能仅凭合同名称，而应依据合同所约定的当事人权利、义务内容和内容所涉及的法律关系特征，以及当事人的合同目的，并结合交易习惯和诚信、公平等合同法原则，确定当事人的合同真实意思，从而准确判定合同的性质。本案合同名称为《加油站租赁合同》，但合同约定的双方权利、义务内容符合买卖合同特征，也符合买卖合同的交易习惯，是一份名为租赁实为买卖的合同。石油公司主要抗辩理由如下：

（1）租赁合同指向的是物的使用权；而买卖合同指向的是物的所有权。本案中，双方不仅在合同中明确约定了关于所有权转移的内容，即合同中约定双方移交不动产权属证书（包括红线图），并在合同签订后，立即交付了证明所有权的权属证书。如果仅是租赁关系，移交加油站资产就已经能实现由对方使用、收益加油站的租赁目的，根本无须移交权属证书。双方的约定和做法，超出租赁合同应有的内容和交易习惯，体现了双方买卖加油站的合同目的和真实意思。

（2）双方合同中没有约定财产过户登记事宜，不能成为认定租赁关系的理由。一是我国法律并没有强制要求买卖合同中必须约定该内容；二是双方当事人基于暂时性节省过户登记税费的原因，才签订名义租赁合同完成对加油站的买卖，不可能再约定不动产过户登记内容。

（3）移交房、地产权属证书原件（包括土地红线图），体现双方买卖加油站的意图，也符合交易习惯。我国法律明确规定的“买卖不破租赁”，无论是将加油站转让还是抵押后改变所有权人，均不影响承租人租赁使用权的行使，承租人根本无须担心出租人将加油站再出卖或者抵押。因此，大山公司将加油站权属证书原件移交，虽然不属于不动产交付的法定方式，但足以表明双方不仅只将加油站交付使用、收益，更有将加油站产权移交支配的意思表示。

由此可见，仅从合同名称与合同部分内容来判断合同的法律性质，既是片面的，也是错误的。

三、启示体会

在销售企业，经常出现各类合同名称与合同内容不一致的网点发展纠纷，比如名为租赁实为收购、名为联营实为租赁、名为联营实为借贷等。如果不注重防范这种法律风险，虽然最后可能获得对公司有利的判决，也需要付出大量的人力、物力、财力，还可能影响加油站的正常经营，得不偿失。只有防患于未然，才是损失最小化、公司利益最大化的最佳途径。

1. 遵从交易实质订立合同，避免“阴阳”“虚实”合同

《合同法》明确，当事人应当遵循公平原则确定各方的权利和义务，当事人行使权利、履行义务应当遵循诚实信用原则。因此，要遵循公平、诚实信用原则，抱着友好履约的态度订立合同。依法成立的合同，对当事人具有法律约束力。应当遵循双方交易实质，在合同中确定双方的权利义务，避免出现合同名称与合同内容不一致的情形。当事人应当按照约定履行自己的义务，不得擅自变更或解除合同。

2. 夯实合同管理基础工作，实现全过程控制

建立合同制度体系，健全合同台账。对合同履行全方位管理，构建由合同管理部门负责，各职能部门配合，职责清晰，条理分明的全方位合同管理模式。设立专人负责合同管理工作，建立合同台账，全面监督合同的履行情况，及时跟踪汇报。

3. 及时、依法办理法律规定的批准、登记等手续

根据我国《物权法》第六条规定：“不动产物权的设立、变更、转让和消灭，应当依照法律规定登记。”加油站物权变动以登记作为公示方法，依法登记即发生物权变动的效力。如果未办理过户登记，物权的转让不发生法律效力。因此在签订不动产买卖合同、抵押合同后，合同主办部门应当及时将此类合同依法办理批准、登记手续，以免因此而产生合同纠纷。部分重要的合同，主办部门还可以与合同相对方办理合同公证。通过办理公证，能够规范、引导、

监督当事人依法签订合同，有效防止合同诈骗等违法行为，促使合同双方积极履行合同，减少和避免合同纠纷，从而保护双方当事人的合法权益。

4. 重视履约过程中的证据资料保管

证据是诉讼之王。谁拿到对自己有利的证据，谁就占据了诉讼的主动地位。诉讼处理原则："以事实为依据，以法律为准绳"。诉讼中所要查明的事实，就是要通过证据来还原、佐证的客观事实。

经营资质未到位　油站租赁留隐患

——某石油公司加油站租赁合同纠纷

【摘要】A 石油公司与 B 公司签有《加油站租赁经营合同》。合同正常履行 8 年后，B 公司以企业租赁加油站的行为违反了法律强制性规定为由，向法院提起诉讼，要求确认双方签订的《加油站租赁经营合同》无效，并返还涉案资产。

一、基本案情

2010 年 4 月，A 石油公司与 B 公司签订《加油站租赁经营合同》，约定将其所有的加油站经营权及加油站土地、地上建筑物、构筑物、附属设备设施等物业租赁给 A 石油公司经营，租期 15 年。合同生效后，A 石油公司又根据工商部门的相关规定，登记设立了了 D 公司（经营范围为租赁经营 B 公司及其他相关经营项目，B 公司营业执照仍保留，经营范围相应变更为租赁给 A 石油公司经营）。2011 年 4 月，根据经营需要，A 石油公司下属 C 公司又与 B 公司签订《协议书》，约定将 B 公司名下《危险化学品经营许可证》变更至 D 公司名下。

其时，因政府部门相关文件对《成品油零售经营批准证书》的变更没有相应的要求，故一直未将其《成品油零售经营批准证书》变更至经营方 D 公司名下。

2015 年下半年，根据经营需要，《成品油零售经营批准证书》需变更至经营方 D 公司名下，多次协商后，B 公司一直拒绝配合办理。

2017 年 10 月，B 公司以企业租赁加油站的行为违反了法律强制性规定，且成品油经营批准证书不得买卖、出租、转借或者以任何其他形式转让为由，将 A 石油公司、C 公司、D 公司作为被告向法院提起诉讼，要求确认双方签订的《加油站租赁经营合同》无效，并返还涉案资产。

根据案件需要，A 石油公司向一审法院提起管辖权异议，被驳回后又向二审法院提起管辖权异议上诉，并在举证期间以 B 公司未履行合同义务为由，向一审法院提起反诉，要求 B 公司履行合同义务，配合办理零售经营许可证的变更手续。

本案一审法院于 2018 年 6 月 6 日公开开庭进行了审理。一审法院认为双方签订的《加油站租赁经营合同》有效，驳回 B 公司的诉讼请求，且有义务根据 A 石油公司的经营需要，将《成品油零售经营批准证书》变更至经营方 D 公司名下。

B 公司不服一审判决，向二审法院提起上诉，经过审理，二审法院于 2018 年 12 月 4 日做出驳回上诉，维持原判的终审判决。

二、法律分析

本案的焦点有两个，一是涉案租赁合同的效力问题，二是成品油经营批准证书的变更问题。

关于涉案合同的效力问题，原告 B 公司认为该合同违反了特许经营及法律的强制性规定，系无效合同。本案中 A 石油公司在签订租赁合同之前已取得相应的资质证书，且具有相应的经营范围，签订租赁合同后也根据工商及相关部门的规定办理了相应的营业执照及危化证等手续，并不是通过出租、出借等方式非法转让行政许可，更没有超出经营范围，没有违反特许经营及法律的禁止性规定，合同合法、有效。

关于成品油经营批准证书的变更问题，虽然租赁合同因签约时期经营政策的要求没有明确约定办理相关资质证照的变更，但有约定："在租赁经营期内，双方在加油站的使用和经营有关的合理要求，在可行的范围内对方应予以协助和配合。"随着经营政策的变化，既然危化品经营许可证、零售经营批准证等资质证的变更是经营必需，且具有可行性，那么B公司根据租赁合同约定有义务协助和配合A石油公司办理。

三、启示体会

（1）要完善加油站租赁合同的相关条款，明确相应经营证照的变更，且保证在加油站交付经营之前完成变更手续，避免留下隐患。

（2）石油销售企业租赁经营社会加油站的经营模式是在特定历史背景下探索形成的，对提高流通领域成品油商品质量、保证商品供应、解决成品油供需矛盾、协助政府有效维护成品油市场秩序等方面发挥了重要作用，只要双方是在平等自愿、互惠互利的基础上进行的合作，相关政府部门对这一经营模式理应予以尊重和支持，如果该模式是一种违法行为，那么对社会的和谐稳定及诚实信用将是一个莫大的讽刺。

劳动用工类案件

人事裁员需谨慎　知法合规必先行

——某海外公司高管推定解雇案

【摘要】2014 年底，某海外公司因管理层任命调整和相关人员职位变化，被原代理总裁告上法庭，声称其被 D 公司推定解雇并要求赔偿。经过多年博弈，案件最终和解结案，D 公司避免了重大经济和声誉损失。

一、基本案情

2014 年 10 月，G 公司对其海外业务下属 D 公司管理层进行调整，任命原代理总裁兼总会计师 N 为总裁、原执行副总裁 T 为公司首席执行官（以下简称“管理层调整”或“调整”）。10 月 21 日，N 提出以上调整导致其工作职责、汇报路径发生重大改变，声称其被 D 公司推定解雇并要求赔偿。经双方多次协商，未能达成一致，N 于 2014 年 11 月向当地法院提起诉讼。

在周密组织并获得 G 公司授权后，D 公司完成了和解文件的审批签署以及和解款项的支付，双方向法院联合提交了停止诉讼申请书，该案顺利和解结案，为 D 公司避免了 700 余万美元的经济损失和重大声誉损失。

二、法律分析

本案最核心的争议焦点为D公司的管理层调整行为是否构成对原代理总裁N的推定解雇。

根据雇佣合同，推定解雇的定义为："除非高管以书面形式同意，任何构成推定解雇的行为，包括且不限于下述情形：①头衔、职位、职责、职权或汇报关系的实质降低；②年薪的减少，所有高管均相似减少除外；③改变工作城市；④福利的实质减少，公司高管均相似减少除外。"

经分析，法院裁判本案时很可能会考量如下几方面：

一是推定解雇适用合同标准。该合同约定的推定解雇门槛高于D公司所在国劳动法律规定，出于资源国法律对雇佣者的保护，本案适用合同约定标准。

二是职位职责降低的比较基准应为原代理总裁，而非首席财务官。通过证人质询程序，大部分当地高管认为实践中高管职位职责变化时，D公司并不随时书面修改雇佣合同；管理层调整之前N有效承担了前任总裁和首席执行官的职责，因此不认为代理总裁任命是临时的，且称未被告知任何临时性质。

三是调整后职位职责被实质降低。N代理总裁期间行使的许多职责，在调整后由T接任，包括：①最高的AFE批准权；②对董事会汇报材料的最终批准权，领导向董事会的汇报；③D公司日常经营的发言人；④对管理团队报酬的批准权；⑤管理层未达成一致事项的最终决定权等。

四是N的职位职责调整相关沟通均以口头方式进行，N并未签署书面同意文件接受其职位职责调整。

三、案件启示

本案发案原因和应对难度反映出了一些管理问题，具体问题分析和建议改进措施如下：

（一）海外劳动管理合规风险

本案因管理层结构调整而起，属于英美法系推定解雇类劳动纠纷，该法律概念在国内法律没有明确界定。海外项目防范劳动争议，首先要识别资源国劳动法律法规的强制性要求，确保劳动合同文本的合法性。其次，劳动事务日常管理中要处处考虑合法合规性，资源国法律实践与国内存在诸多差异。

本案一些中方证人认为此次调整对原高管从名义上不是降职，而是升职，且薪酬上也没有降低，但大部分外方证人却认为从职责范围、汇报路径等角度是实质降职，很可能导致满足推定解雇的条件。未来要避免类似争议，需要对人员招聘、岗位调整、雇佣终止等重要领域，深层次了解当地的法律实践，提前做好法律分析和风险识别。特别需要加强兼并收购交易中高管和雇员聘用协议、薪酬机制等的尽职调查工作，人力部门需要提前介入。

此外，本案中原高管对调整缺少书面同意，这是D公司诉讼中面临的不利之一。为更好避免后续争议，裁员管理中，应当制定周密且公平合理的裁员计划，人力、法律等部门全过程共同参加，与员工充分做好沟通协商、达成一致并签署书面文件后再实施劳动关系的调整或终止，相关过程文件、往来邮件和最终签署文件必须由相关部门妥善保存。

（二）案件策略管理

案件处理中，应对团队除做好证据收集、法律分析等常规准备外，还突出做好了案件策略的动态管理，当案件走向随着程序进展出现大的波动变化时，应对团队及时更新案件评估，为公司采纳新策略提供支持，如大部分当地高管证人在质询中，不认可原告的代理总裁任命具有临时性，并作证认为管理层调整中原告被降职。对此重大变化，D 公司迅速组织两家律所进行了背对背分析评估，并果断提出积极应诉转为尝试和解的策略建议。正是对策略的动态评估管理，使得本案最终顺利和解结案。

（三）和解实施管理

本案中应对团队对和解策略和节奏进行了仔细斟酌。在启动方式上，选择了双方磋商法律程序的时机，在接触人选上，选择律师对律师，而非 D 公司高管直接对原告当事人，这样的设计是为了最小化和解提议不被接受的影响。在开始谈判之前，经多次讨论，D 公司确定谈判的条件和节奏：①本着“无损法律实体权利”的原则；②把握对方心理，不急于求成，传递没有解决争议的时间压力；③和解金额为总括性，应包含所有的赔偿、法律费用和税费。在谈判过程中，D 公司很好贯彻了这些原则，几轮报价都权衡好了施压和可能离开谈判桌的风险，最终达成合理的和解价格。

今后的工作中，我们应当吸取本案经验教训，进一步加强劳动合规性管理，对结构调整、裁员等管理措施提前做好人力和法律风险分析和预判，做好相关文件和证据保管工作，更有准备的应对好劳动争议风险。

工时认定惹争议　据理力争取胜诉

——关某诉岩石公司劳动争议案

【摘要】岩石公司消防中心对消防员采取“在单位48小时、离单位48小时”的管理模式。消防员、农民制合同工关某认为，其在厂48小时均为上班时间，遂申请仲裁，要求公司支付其2015年4月20日至2018年4月19日的超时加班费20.96万元。仲裁请求被驳回后，关某走完了一审和二审程序，均败诉。该案已结案。

一、基本案情

2018年5月16日，岩石公司消防中心消防员、农民制合同工关某不信任单位领导的多次解释，向某区仲裁委提出申请，请求依法裁决岩石公司以现金方式向其支付2015年4月20日至2018年4月19日的超时加班工资209586元。其认为，其工作模式为上班48小时加休息48小时，存在大量的加班现象，而岩石公司未足额支付加班费。2018年7月10日，仲裁委裁决驳回关某的申请请求。

关某不服，于2018年7月12日诉至法院。一审法院于2018年10月18日驳回关某的诉讼请求。其仍然不服，于2018年11月8日提起上诉。二审法院于2019年3月19日驳回上诉，维持原判。

关某认为，其每月上班360小时，减去法定的每月工作时间167小时，实际超时193小时。其每小时工资为20.11元。3年即36

个月的加班费为 $193 \times 20.11 \times 1.50 \times 36 = 209586$（元）。

岩石公司认为，扣去休息、用餐的 11.5 个小时，关某每天上班 12.5 小时，每月上班 187.5 小时，减去每月法定工作时间 166.64 小时，超时 20.86 小时。关某基本薪酬 2419 元，日薪酬 111.22 元，时薪酬 13.9 元，延时加班时薪酬 20.85 元。因此，关某每月超时费应为 $20.86 \times 20.85 = 434.93$（元）。公司领导考虑到消防工作的重要性和特殊性，按照一线倒班工人的标准（1000 元 / 月）为消防员发放超时费，高于应付的加班费。

岩石公司在仲裁及诉讼中，均提交了原劳动部同意实华集团公司（岩石公司的母公司）对所属企业部分工作岗位的职工实行不定时工作制和综合计算工时工作制的批复，以及实华集团公司根据批复制定并抄送原劳动部的《关于部分工作岗位实行不定时工作制和综合计算工时工作制的实施办法》。该实施办法第四条第四项明确规定，对各类保证生产正常运行的部分生产性值班人员，可结合具体岗位的工作特点，采取相应的班制与休息方式，以周、月、季、年为周期综合计算实际有效工作时间。实际有效工作时间不包括在岗睡眠等休息时间。实际有效工作时间由用人单位认定，并取得同级工会的认同。各类生产性值班人员，包括……（4）企业专职消防员……

基于以上原因，仲裁委及两审法院均未支持关某的请求。

二、法律分析

关某以劳动法律法规提起加班费的诉讼，因此本案涉及一个法律关系，即加班的劳动者和应该支付加班费的用人单位之间的关系，这个法律关系构成关某诉讼请求的基础。本案争议焦点在于：（一）关某每月的工作时间是否已超过法定工作时间；如超过，超了多少小时。（二）如关某存在加班现象，岩石公司是否已足额支付了加班费。

（一）相关法律条文分析

1. 关于综合计算工时工作制的法律法规

《中华人民共和国劳动法》第三十九条　企业因生产特点不能实行本法第三十六条、第三十八条规定的，经劳动行政部门批准，可以实行其他工作和休息办法。

【第三十六条　国家实行劳动者每日工作时间不超过八小时、平均每周工作时间不超过四十四小时的工时制度。

第三十八条　用人单位应当保证劳动者每周至少休息一日。】

《劳动部贯彻〈国务院关于职工工作时间的规定〉的实施办法》第五条　因工作性质或生产特点的限制，不能实行每日工作8小时、每周工作40小时标准工时制度的，可以实行不定时工作制或综合计算工时工作制等其他工作和休息办法，并按照劳动部《关于企业实行不定时工作制和综合计算工时工作制的审批办法》执行。

《劳动部关于企业实行不定时工作制和综合计算工时工作制的审批办法》第三条　企业因生产特点不能实行《中华人民共和国劳动法》第三十六条、第三十八条规定的，可以实行不定时工作制或综合计算工时工作制等其他工作和休息办法。

《劳动部关于企业实行不定时工作制和综合计算工时工作制的审批办法》第七条　中央直属企业实行不定时工作制和综合计算工时工作制等其他工作和休息办法的，经国务院行业主管部门审核，报国务院劳动行政部门批准。

本案中，岩石公司的生产具有高温高压、有毒有害、易燃易爆的特点，消防工作非常重要，消防员实行综合计算工时工作制更有利于企业的安全生产。岩石公司执行其母公司根据原劳动部批复制定的有关综合计算工时工作制的制度，切实做到了依法合规。

2. 关于加班费计算的法律法规

《中华人民共和国劳动法》第四十四条规定："有下列情形之一的，用人单位应当按照下列标准支付高于劳动者正常工作时间工资的工资报酬：安排劳动者延长工作时间的，支付不低于工资的百分之一百五十的工资报酬；……

《中华人民共和国劳动法》第四十条　用人单位在下列节日期间应当依法安排劳动者休假：

（一）元旦；（二）春节；（三）国际劳动节；（四）国庆节；（五）法律法规规定的其他休假节日。

《全国年节及纪念日放假办法》第二条　全体公民放假的节日：

（一）新年，放假1天（1月1日）；（二）春节，放假3天（农历正月初一、初二、初三）；（三）清明节，放假1天（农历清明当日）；（四）劳动节，放假1天（5月1日）；（五）端午节，放假1天（农历端午当日）；（六）中秋节，放假1天（农历中秋当日）；（七）国庆节，放假3天（10月1日、2日、3日）。

本案中，岩石公司根据上述法律法规准确全面的计算关某的加班费，并且多给付了一部分费用，体现了以人为本的发展理念。

（二）裁判文书结果分析

梳理仲裁委及法院的3份裁判文书，可以明确3次审理结果均认定以下事实：第一，关某的岗位为消防员，所在岗位实行综合计算工时工作制。岩石公司执行的综合计算工时工作制的制度是根据原劳动部批复制定的。第二，关某在岗的48小时包含就餐、休息等时间，且就餐、休息等时间与通常情形下的工作内容、工作强度等均有明显区别，故关某主张其在岗的48小时均为工作时间的说法不能成立。第三，由于岩石公司已按月支付超时补贴，关某主张给付加班工资差额缺乏依据。

三、启示体会

（1）有关综合计算工时工作制的制度一定要履行报批程序。如果不履行报批程序，企业自行制定的有关综合计算工时工作制的制度就没有法律效力。一旦发生诉讼，企业就会承担败诉的风险。

（2）要组织劳动者学习有关综合计算工时工作制的制度及批复并签字。要切实做到“走足程序、留下痕迹”，免得对簿公堂时，企业不能提供宣传贯彻该制度的证据从而承担败诉的后果。

（3）确实发生的加班费要足额支付。目前，依法办事的观念深入人心，劳动者的法律意识非常强烈。如果不按时足额发放加班费，劳动者启动司法程序，企业将会陷入败诉后补足加班费的被动局面。

员工违规套现被开除索要经济补偿被驳回

——某公司与周某某劳动争议纠纷案

【摘要】 2013年11月27日，中国石化销售有限公司某公司（以下简称某公司）零售管理部对马达加油站检查时发现周某于11月17日、11月23日存在IC卡套现违规行为，作出退回重庆市众业人力资源管理顾问有限公司（以下简称重庆众业公司）的处理，重庆众业公司解除与周某的劳动合同。周某遂要求中石化某公司支付生育费用、加班工资、经济补偿等合计226133.5元，重庆众业公司承担连带支付责任。

一、基本案情

重庆众业公司与中石化某公司签订劳务派遣协议，双方建立劳务派遣关系。周某于2010年月1日与重庆众业公司签订至2011年12月31日止的劳动合同，被派遣到中石化某公司从事加油员工作，2012年1月1日双方续签至2014年6月30日止的劳动合同。2013年11月27日，中石化某公司零售管理部对马达加油站检查时发现周某于11月17日、11月23日存在IC卡套现违规行为，作出退回重庆市众业公司的处理。重庆众业公司经工会同意解除与周某的劳动合同，并于 12 月 11 日签收。周某遂要求中石化某公司支付生育费用、加班工资、经济补偿等合计 226133.5 元，重庆众业公司承担连带支付责任。

经重庆市万州区人民法院审理，周某要求中石化某公司支付生育费用、加班工资、经济补偿等于法无据，法院判决驳回其诉讼请求。

二、法律分析

原告周立琼的劳动关系在重庆众业公司，中石化某公司只是用工单位，其要求中石化某公司支付生育费用、加班工资、经济补偿与某公司无关；原告称被迫解除劳动关系与事实不符，系原告严重违反用工单位的规章制度被退回劳务派遣单位，属于合法解除；中石化某公司按规定执行综合计算工时制和不定时工作制，不存在加班的事实。请求判决驳回原告周某的全部诉讼请求。

（一）相关法律条文分析

1.《中华人民共和国劳动合同法》

第三十六条规定：用人单位与劳动者协商一致，可以解除劳动合同。

第三十九条规定：用人单位单方解除劳动合同。劳动者有下列情形之一的，用人单位可以解除劳动合同：（一）在试用期间被证明不符合录用条件的；（二）严重违反用人单位的规章制度的；（三）严重失职，营私舞弊，给用人单位造成重大损害的；（四）劳动者同时与其他用人单位建立劳动关系，对完成本单位的工作任务造成严重影响，或者经用人单位提出，拒不改正的；（五）因本法第二十六条第一款第一项规定的情形致使劳动合同无效的；（六）被依法追究刑事责任的。

第六十五条规定：被派遣劳动者可以依照本法第三十六条、第三十八条的规定与劳务派遣单位解除劳动合同。被派遣劳动者有本法第三十九条和第四十条第一项、第二项规定情形的，用工单位可以将劳动者退回劳务派遣单位，劳务派遣单位依照本法有关规定，可以与劳动者解除劳动合同。

2.《工资支付暂行规定》

第十三条用人单位在劳动者完成劳动定额或规定的工作任务后，根据实际需要安排劳动者在法定标准工作时间以外工作的，应按以下标准支付工资：

（一）用人单位依法安排劳动者在日法定标准工作时间以外延长工作时间的，按照不低于劳动合同规定的劳动者本人小时工资标准的 150% 支付劳动者工资；

（二）用人单位依法安排劳动者在休息日工作，而又不能安排补休的，按照不低于劳动合同规定的劳动者本人日或小时工资标准的 200% 支付劳动者工资；

（三）用人单位依法安排劳动者在法定休假节日工作的，按照不低于劳动合同规定的劳动者本人日或小时工资标准的 300% 支付劳动者工资。

实行计件工资的劳动者，在完成计件定额任务后，由用人单位安排延长工作时间的，应根据上述规定的原则，分别按照不低于其本人法定工作时间计件单价的 150%、200%、300% 支付其工资。

（二）法院判决结果分析

原告由重庆众业公司派遣至中石化某公司工作，中石化三峡分公司为用工单位。在劳务派遣期间，原告认可并已知晓用工单位的各项规章制度，知道利用加油 IC 卡套现属于违规行为，且已严重违反了用工单位的规章制度。根据《劳动合同法》的相关规定，用工单位可以将劳动者退回劳务派遣单位，劳务派遣单位依照法律的有关规定可以与劳动者解除劳动合同。故原告周某要求被告中石化某公司支付生育费用、加班工资、经济补偿等于法无据，应当不予支持。

三、启示体会

（1）建立健全公司的各项规章制度，梳理并完善需要上职代会的制度，完善劳动合同条款，规避相关用工风险；正确履行劳动派遣协议相关条款，维护公司正当权益。

（2）加大监督检查力度。公司相关部门要加强对资金、加油卡等领域进行重点检查，打击违法违纪现象发生。

（3）加强证据意识，降低诉讼风险。人力资源部门要做好日常基础管理工作，加强过程管理，有效签署与员工切身利益的文件，如职代会通过的制度文件、劳动合同、考勤、视听资料等，并做好证据原件的保存，有效规避诉讼或劳动仲裁风险。

侵权责任类案件

十年艰辛维权路　两轮四审皆胜诉

——物探侵权纠纷新疆Z公司案件

【摘要】 2006年2月17日，河南物探收到新疆B州中级人民法院传票、Z公司民事起诉状，诉称河南物探所属施工队2005年1月12日起连续12天在其养殖蟹水体中放炮，地震勘探作业造成鱼蟹中毒或窒息死亡，索赔1815.42万元。2016年12月15日，新疆高院重审二审驳回Z公司诉讼请求，维持原判。

一、基本案情

2006年2月17日，河南物探收到新疆B州中级人民法院传票、Z公司民事起诉状，诉称河南物探所属施工队2005年1月12日起连续12天在其养殖蟹水体中放炮，地震勘探作业造成鱼蟹中毒或窒息死亡，索赔1815.42万元。

本案一审，2010年1月28日新疆B州中级人民法院判决驳回原告的诉讼请求；二审，2012年12月19日新疆维吾尔自治区高级人民法院裁定发回重审。

重审一审，2014年11月18日新疆B州中级人民法院判决驳回原告的诉讼请求；重审二审，2016年12月15日新疆维吾尔自治区高级人民法院判决驳回上诉，维持原判。

2018 年 11 月 20 日新疆维吾尔自治区人民检察院向最高人民检察院提请抗诉；2020 年 2 月 2 日，最高人民检察院作出不支持监督申请决定书。

二、法律分析

（1）性质认定。根据《中华人民共和国民法通则》第 123 条规定，从事高空、高压、易燃、易爆、剧毒、放射性、高速运输工具等对周围环境有高度危险的作业造成他人损害的，应当承担民事责任。石油地震勘探，其主要手段即通过人工爆破在地面以下制造震动引起反射波来认识地质构造，而该爆破手段产生地震波导致的地震对周围环境具有高度危险，且属于在现有技术所允许的条件下，是即使予以必要的注意或谨慎经营仍有可能致人损害的危险性作业。

（2）举证责任。高度危险作业致人损害的案件适用无过错责任，即不论主观上作业人对损害的造成有无过错，只要造成损害就应承担民事责任。实施高度危险作业人只有证明损害由受害人故意造成的方可免责，即对于过错的认定适用举证责任倒置原则。但是，关于侵权行为是否造成损害结果、侵权行为与损害结果之间是否存在因果关系的事实，在法律未做规定的情况下，并不适用举证责任倒置。

（3）因果关系。Z 公司提交的鉴定报告不足以证实螃蟹死亡原因与地震爆破之间具有直接的因果关系。

（4）损害结果。Z 公司空运蟹苗的运单不真实，没有证据证实汽车运输蟹苗的数量。关于投放蟹苗及螃蟹死亡的照片和录像，仅能证明 Z 公司向养殖区域投放了蟹苗、炮眼处有部分死蟹的事实，但对投放蟹苗的数量、螃蟹死亡的数量等事实均不能举证证实。因此，Z 公司主张的损失数额因证据不足，不能成立。

三、启示体会

（1）合规经营。地震勘探作业要严格按照技术规范进行。施工前，应与业主签订地震资料采集合同；取得地方政府对项目的支持；到公安部门办理 84#85# 使用许可；按照生态环境部门要求，进行项目环境影响评价；根据应急管理部门要求，办理安全生产备案。

（2）“三个第一时间”防控法律纠纷风险。物探作业对业主造成的财产损害，要依法进行补偿。对无法达成补偿协议、可能引发纠纷诉讼的，要树立法律纠纷风险防控意识。对可能存在的法律纠纷，无论责任在谁，要第一时间收集、固定和保存好原始证据；遇到可能引发法律纠纷，但不知如何处理的问题，要第一时间汇报公司法律部门；接到司法部门的法律文书、签收之后，要第一时间报告公司法律部门。

（3）开展尽职调查。项目开工之前，做好工区踏勘等尽职调查工作，炮点设计应避开水产、家畜、家禽养殖场等高价值、敏感场所。

（4）发挥法律平台作用。企业发生法律纠纷案件在外地诉讼，集团公司企改和法律部应发案单位要求，协调、指示中国石化所属当地企业予以必要支持。

管道改线占地维权诉讼“以打促谈”促成某县境内改线上方土地全部有偿收回

——国内管道企业管道改线后被占地侵权案

【摘要】 2015年，某管道企业开展管道安全整治隐患工作，在某县境内共改线14.5千米，改线后新管道投用，旧管道暂时封存。2016年7月该县政府作出无偿收回该管道企业改线管道上方的土地使用权的决定，管道企业对无偿收回持有异议，遂提起行政复议。同时，随着社会经济发展，改线段管道逐渐被城区包围，多处房地产开发商将该管道企业管道挖出，在管道上方在建或已建成永久性建筑，管道企业向当地人民法院提起诉讼以上侵权行为，要求赔偿损失。该事件经过行政复议、行政诉讼、民事诉讼等多次维权，最终促成当地政府管辖境内改线管道上方全部土地的有偿收回及地下管道安全环保责任的移交。

一、基本案情

2015年全国开展石油天然气管道安全隐患整治攻坚战，某管道企业B为了彻底消除隐患，对A县境内的14.5千米管道进行了改线，改线完成后新管道投用，旧管道暂时封存，旧管道上方土地闲置。2016年7月，A县政府为推进城市改造，提出要无偿收回B公司旧管道上方的土地使用权，B 公司认为双方应当在评估土地价值的基础上，平等协商，有偿收储，因此双方就有偿收储及收储后管道的安全环保责任问题经多次协商未达成一致意见。后 A 县政府直接作出《土地使用权无偿收回决定》，B 公司提起行政复议，但复议维持原 A 县政府决定。该决定一旦生效，将极有可能在 A 省乃至全国范围出现连锁示范效应。后 B 公司向 A 市中级人民法院提起行政诉讼，2017 年 6 月 A 市中院判决：A 县政府做出的决定明显不当，撤销该决定。

2018 年 4 月，B 公司人员发现 A 县多处房地产开发商将 B 公司停用管道封堵后挖出，管道地上部分在建或已建成永久性建筑。B 公司发现后立即就房地产开发 C 公司的侵权行为向 A 县人民法院提起民事诉讼，A 县政府列为第三人。诉讼过程中发现，C 公司未取得合法建设手续，侵害 B 公司合法权益。2019 年初，A 县政府主动与 B 公司联系，双方经过协商，最终达成“整体评估、有偿收储”的共识，双方签订土地收回协议，由 A 县按土地评估价值收回所辖境内管道改线上方土地所有权及地下废弃管线所有权，相关安全环保责任一并移交，三方在民事诉讼中调解结案。

二、法律分析

该事件分为两个阶段：行政诉讼阶段和民事诉讼阶段。民事案件法律关系较为简单，C 公司侵权行为显而易见，因此该事件的关键点在于行政诉讼案件，案件争议焦点为：

第一，B 公司管道改线上方土地是否属于《中华人民共和国土地管理法》第五十八条有关“因单位撤销、迁移等原因，停止使用原划拨土地的，由有关人民政府土地主管部门报经原批准用地的人民政府或者有批准权的人民政府批准，可以收回国有土地使用权的情形”及《城镇国有土地使用权出让和转让暂行条例》第四十七条有关“无偿取得划拨土地使用权者，因迁移、解散、撤销、破产或者其他原因而停止使用土地的，市县人民政府应当无偿收回其划拨土地使用权”等规定。国有企业取得的划拨土地，国家以“授权经营”形式允许被授权企业使用的，是否属于无偿取得的划拨土地。

原国家土地管理局1998年3月1日正式施行《国有企业改革中划拨土地使用权管理暂行规定》，根据第四条第一款的规定：“国家根据需要，可以一定年期的国有土地使用权作价后授权给国务院批准设立的国家控股公司、作为国家授权投资机构的国有独资公司和集团公司经营管理。被授权的国家控股公司、作为国家授权投资机构的国有独资公司和集团公司凭授权书，可以向其直属企业、控股企业、参股企业以作价出资（入股）或租赁等方式配置土地，企业应持有土地使用权经营管理授权书和有关文件，按规定办理变更土地登记手续”。

2000年4月18日，原国土资源部以国土资函〔2000〕261号复函，授权中国石油化工集团公司经营管理涉案土地，并转增国家资本金，B公司按以上规定于2000年办理了变更登记手续，土地使用权类型为“授权经营”。即涉案土地使用权相应转增为国家资本金，由国家享有收益，并非无偿使用。

第二，A县政府是否有权做出涉案土地回收决定。根据《国有企业改革中划拨土地使用权管理暂行规定》第四条第二款规定：“被授权经营土地使用权的国家控股公司、国有独资公司、集团公司必须接受授权部门的监督管理”。涉案土地为经国土资源部授权经营的土地，土地用途的改变及土地使用性质的变动均应接受原国土资源部的监督管理，A县政府在做出决定前应当上报原国土资源部批准。

第三，涉案土地是否满足法定的土地收回条件。根据《中华人民共和国土地管理法》第五十八条规定，政府有权收回国有土地使用权，需出于特定原因或符合法定情形。A县政府在收回决定中载明："为加快城市建设，因城市规划调整"。属于《土地管理法》第五十八条第二款"为实施城市规划进行旧城区改建。需要调整使用土地的"情形，但举证过程中，A县政府未能提供城市规划调整的相关证据，法院认为A县政府以城市规划调整为由收回涉案土地，不符合《国土资源部关于加强土地资产管理促进国有企业改革和发展的若干意见》《国有企业改革中划拨土地使用权管理暂行规定》之规定精神。

三、启示体会

近几年，因各地市城区的不断扩建，管道企业收到各地政府收储停用管道上方土地使用权的往来函件逐渐增多。本案作为成功维权案例，为其他企业处理类似土地收储事宜提供了处理思路。

第一，通过法院生效判决，认定管道企业享有的授权经营土地使用权，明确授权经营地不属于无偿取得的划拨土地，在管道改线旧管道废弃后，政府无权无偿收回土地使用权，进而避免在当地乃至全国范围内发生政府无偿收回管道企业废弃管道授权经营土地使用权的示范效应。

第二，从全局视角出发，制定诉讼策略。本案在行政诉讼胜诉后趁热打铁，通过民事诉讼得知该开发商未取得合法建设手续即开工建设的违法行为，固定开发商的侵权事实，为我方争取有利诉讼地位，同时"以打促谈"，即以诉讼手段迫使政府主动出面解决土地有偿收储问题，步步为营，一并解决废弃管线后续安全环保风险。

目前，该管道企业在A省境内已经与高唐、肥城、滕州等多地政府签订了有偿收储协议，避免经济损失2658.09万元。本案的处理思路已经在同类土地有偿收储事宜上初见成效。

发挥专业协同优势　避免千万损失

——B 公司断电侵权责任纠纷案

【摘要】2018 年 8 月 13 日，A 公司以 B 公司电缆击穿事故造成短路导致装置停电为由，起诉要求赔偿停产损失 1133 万元。2019 年 1 月 8 日，法院经两轮审理做出一审判决驳回 A 公司诉讼请求，原告未提起上诉，一审判决生效。该案以 B 公司全面胜诉成功结案，B 公司避免经济损失 1133 万元。

一、基本案情

A 公司诉称：2018 年 5 月 14 日 19 时 30 分左右，原告厂区突然停电造成大量机械设备停止运行，导致原告自 2018 年 5 月 14 日停工至 2018 年 5 月 22 日开工，造成重大经济损失。经调查停电系 B 公司厂内电动机软启动馈出线电缆绝缘击穿，造成高压电缆相间短路。事发后，原告致函给 B 公司，但 B 公司以与原告不存在业务关系或合同关系为由，拒绝赔偿。A 公司提起诉讼，请求 B 公司赔偿损失 11330945.6 元，并承担诉讼费等全部费用。国网山东省电力公司 D 供电公司为本案的第三人。本案适用简易程序，定于 2018 年 9 月 13 日独任法官审理。

1. 事故经过及相关情况

2018 年 5 月 14 日 19 时 38 分，B 公司循环水泵电动机馈出电缆绝缘击穿，造成高压电缆发生相间短路，导致过流速断保护动作，出线柜断路器跳闸，B1# 变电所 10 千伏段母线失电。随后，B1# 变电所 10 千伏系统改变了运行方式，并未造成生产装置停车。B 公司立即组织抢修，修复了损坏的电缆头。

5 月 29 日，B 公司接到 A《沟通函》一封，声称因 10 千伏科鲁线母线失电造成其装置停电停产，希望双方进行沟通协商。B 公司回函称与对方不存在业务或合同关系，不存在就此事进行协商沟通的问题，请对方与供电公司充分沟通，查明停电停产的原因。

2. 关于 B 公司电力故障对外网的影响

《供电营业规则》第 54 条规定：在电力系统正常状况下，供电企业供到用户受电端的供电电压允许偏差为："10 千伏及以下三相供电的，为额定值的 10 千伏 ±7%"。B 公司电气专业人员在电力公司查阅的信息显示，故障发生时，电网波动最高值 10.3 千伏。供电公司供给 A 公司的电压符合国家规范。因此，B 公司设备故障对外网造成的影响在国家规范标准之内。

3. 关于供电合同

2014 年 9 月 9 日，B 公司与电力公司签订《高压供用电合同》，建立了供用电关系。合同第 40 条"用电人违约责任"第 3 款约定"因用电人过错给供电人或者其他用户造成财产损失的，用电人应当依法承担赔偿责任"。

4. 审理情况

2019 年 1 月 21 日 B 公司一审胜诉。判决认定：B 公司设备故障仅导致本公司供电线路断电，断电时原告 A 公司供电线路供电正常，未出现断电，电压波动数值亦在合理范围，符合《供电营业规则》的要求，且波动极值亦未出现在 B 公司断电事故时刻，不能认定 B 公司设备故障导致原告断电；原告证据不足，理由不成立，驳回其诉讼请求。上诉期限届满后原告未在法定期间内提起上诉，一审判决依法生效，B 公司全面胜诉。

二、法律分析

1. 本案适用简易程序不当

根据《民事诉讼法》第一百五十七条之规定，基层人民法院和它派出的法庭审理事实清楚、权利义务关系明确、争议不大的简单的民事案件，适用简易程序。然而本案诉讼标的额达 1100 余万元，诉讼标的额较大且系财产损害赔偿纠纷，案情复杂，不应当适用简易程序。申请按照普通程序审理，可增加本案的审理期限，既有利于留足时间准备证据又可以降低原告快速达到诉讼目的的期望值。

2. 原告不是提起本案诉讼的适格主体

原告工商登记信息体现的经营范围是：异丁烯、丙烯、氢等批发，建筑材料、化工原料及产品等的销售，并没有生产危险化学品的相关资质，但原告提供的证据却是 14.5 万吨 / 年异丁烯（系危险化学品）装置停工所产生的损失情况。根据《危险化学品安全管理条例》原告未取得危险化学品安全生产许可证，不能从事相关生产，涉案停工装置另有所属，原告不是提起本案诉讼的适格主体。

3. 原告的损失与答辩人用电事实无任何因果关系

2018 年 5 月 14 日，B 公司虽然出现了电缆线路故障，但故障发生时供电线路电压波动值介于 10.0313 千伏与 10.2187 千伏之间，符合电力工业部《供电营业规则》第 54 条“在电力系统正常情况下，10 千伏及以下三相供电的电压允许偏差为额定值的 ±7%”之规定，故 B 公司在设备故障发生时供电电压在国家规范标准之内，不存在任何侵权行为，原告的损失与 B 公司用电事实无任何因果关系。

三、启示体会

（1）B 公司成立了由主要领导任组长，由法律、电气、工艺、安全专业人员参加的工作小组，发挥各部门的专业优势，充分论证“原告停工与 B 公司断电事故无因果关系”，配合提供强有力的直接证据，是案件胜诉的客观基础。先后 20 多次到相关企业类似装置以及第三方国家电网实地考证，整理形成书面证据 260 多页，图片证据 120 多张，形成了充足、完整、可靠、翔实的证据链。

（2）电力公司在继电保护定值的设定上存在一定缺陷。通过继电保护定值比较，港北一站 817 继电保护Ⅰ段过流时间为 0s，科鲁尔 10 千伏Ⅰ段母线继电保护Ⅰ段过流时间为 0.3s，导致Ⅰ段母线保护装置未动作而港北一站 817 馈出线柜保护动作，从而发生越级跳闸事故。应全面梳理公司供受电系统是否存在类似风险，及时采取措施加以排查。

管控很重要　尽调不可少

——从某企业海难救助纠纷案说起

【摘要】A 公司（委托方）与 B 公司（受托方）和 C、D、E、F（承运方，合称丙方）签订《化工轻油原料水路运输合同》。在合同履行过程中，实际承运人 G 公司船舶在某港装载货物时发生爆炸事故，造成人员伤亡、船舶毁损。事后多家参与救助单位相继提起诉讼，请求 G 公司和 A 公司承担救助报酬和特别补偿金（G 公司承担）。

一、基本案情

2016 年 3 月，A 公司与 B 公司和 C、D、E、F（丙方，承运方）签订了《化工轻油原料水路运输合同》，约定 B 公司负责组织、安排、调度船舶运输，包括制定运输方案、审验丙方船舶资质，提出运输全过程 HSE 要点，并监督丙方执行，对运输全过程负责。丙方应根据乙方要求安排适航船舶运输货物。

2016 年 10 月 20 日，实际承运人 G 公司船舶在港口装载 A 公司所购货物（轻油）时发生机舱爆炸事故。当地政府组织协调多家救助单位实施救助，已装载 3400 余吨货物中约有 3150 吨获救，后经 A 公司、B 公司、保险公司与 G 公司等反复交涉，获救货物过驳后由 G 公司其他船舶运输并交付 A 公司。2017 年 2 月，某救助单位率先在广州海事法院起诉 G 公司、A 公司，经管辖权异议程序后，案件被移至事故发生地海事法院审理。同年 4 月起，其他 8 家救助方陆续起诉，请求 G 公司、A 公司连带承担救助报酬和 / 或特别补偿，上述 9 起案件诉请金额合计人民币 4275 万多元。

上述系列案经受案法院一审判决、高院二审后发回重审、受案法院重审一审判决，在重审二审中因各案当事人均未预交案件受理费，被法院裁定按自动撤诉处理，重审一审判决生效。依据生效判决：A 公司承担 497 万多元救助报酬。A 公司履行判决后，经与保险公司交涉获得全额理赔，因事故发生的货物短量也得到赔付。

二、法律分析

本案中涉及海难救助法律关系。因运输船舶存在严重缺陷导致海难事故发生，救助人诉请承运人及货物所有人承担救助报酬的纠纷，原被告之间并不存在雇佣救助合同关系，而是因救助形成了海商法上的海难救助法律关系，应当适用《海商法》第九章相关规定。主要包括：救助有效果才有权获得救助报酬，确定救助报酬应当体现对救助作业的鼓励，并综合考虑十个因素；对救助报酬进行限制，即不得超过船舶和其他财产的获救价值；救助报酬的金额应当由获救的船舶和其他财产的各所有人，按照船舶和其他各项财产各自的获救价值占全部获救价值的比例承担等。如《海商法》第一百七十九条“救助方对遇险的船舶和其他财产的救助，取得效果的，有权获得救助报酬；救助未取得效果的，除本法第一百八十二条或者其他法律另有规定或者合同另有约定外，无权获得救助款项。”等等。

值得高度重视的是案件背后所存在的货物水路运输合同法律关系。A 公司与 B 公司和 C、D、E、F（丙方，承运方）签有《化工轻油原料水路运输合同》，存在合同法律关系。在实际操作中涉案货物实际承运人并非 A 公司所签运输合同相对人，A 公司对实际承运人资质和船舶适航性处于失管状态。国内货物运输主要适用《合同法》，而基于合同相对性，A 公司作为货物所有人与实际承运人没有直接合同关系，无法直接行使合同签订履行管控权利，一旦追究实际承运人相关责任，所涉法律问题远较单纯的合同关系复杂，依法维权难度大。

在本案诉讼中 A 公司作为货物所有人，积极抗辩原告雇佣救助主张、货物获救价值增值税、救助款利息主张，提升船舶获救价值，以及为抗辩原告诉求而提起上诉等。同时整个过程及时告知保险人，案件进展及关键决定要其确认，为后续顺利理赔打下基础。

三、启示体会

1. 积极应对，依法维权，避免损失

事故及案发后 A 公司领导高度重视，当即成立工作组，先行通过交涉实现获救货物接驳后运输并交付 A 公司。法律部门牵头工作组同代理律师、B 公司及保险公司等密切配合，会商案情 10 多次，制定对策，及时报告。诉讼过程中既坚持原则据理力争，又审时度势，适时息诉、避免诉累，并最终避免了损失。

2. 源头治理，过程管控，防范风险

事故调查认定案涉实际承运人承运船舶存在三舱贯穿、船舶适航状态极差、船员适格情况较差的情况，是事故发生的直接原因，而且实际承运人的经营状况不佳。从合同管理角度，应优选资质齐全、实力较强、信誉良好的承运人，明确双方合同权利义务，既可全面直接掌控运输过程，也可降低货损等法律风险。A 公司从中吸取教训，强化合同管理，优化承运商选择，开展尽职调查，完善承运合同条款，加强承运商资质和船舶适航核查，以及运输过程监控，从源头防控运输和货物风险。充分利用商业保险对危险品运输投保，重视与保险人建立长期合作机制，实现互利共赢。

产品包装瑕疵引来职业打假 历经一审二审均获全面胜诉

——国内石油系统产品责任纠纷案

【摘要】2016 年 6 月，徐某在 A 省石油公司处购买 6 瓶“国台酒”价格 4128 元，以产品外包装存在不符合《中华人民共和国食品安全法》及《预包装食品标签通则》法律规定为由，将 A 省石油公司及其母公司告上法庭，要求退还货款及赔偿共计 45408 元。最终 A 省石油公司及其母公司在一审二审中均获得全面胜诉。

一、基本案情

2016 年 6 月，徐某向 A 省石油公司处购买 6 瓶“国台酒”价格为 4128 元，因该酒外包装上未标注生产日期，只有拆破外包装后才能查看瓶底上的生产日期，不符合《中华人民共和国食品安全法》及《预包装食品标签通则》，徐某请求法院判令 A 省石油公司及其母公司退还货款 4128 元，赔偿 41280 元，共计 45408 元，并要求 A 省石油公司及其母公司承担本案的全部诉讼费用。

徐某同时向某食品药品监督管理局实名举报上述事实，意图使 A 省石油公司受到行政处罚，达到施加压力目的。A 省石油公司收到纠纷通知后，立即组织研究案情，并大力协调某食品药品监督管理局，争取其同意A省石油公司关于该产品瑕疵不构成违反食品安全法的观点，最终做出产品全部下架退回供应商，即“以整改为主”的行政处罚。

A省D市E区人民法院受理该案后，经开庭审理，于2017年2月做出一审判决：驳回徐某的诉讼请求。宣判后，徐某不服判决，向A省D市中级人民法院提出上诉。

2017年5月，A省D市中级人民法院做出二审判决：驳回判决，维持原判。

二、法律分析

原告徐某以A省石油公司销售的“国台酒”不符合《中华人民共和国食品安全法》及《预包装食品标签通则》，提起产品责任纠纷的诉讼，根据《中华人民共和国食品安全法》的规定，要求A省石油公司及其母公司承担退一赔十的法律责任。本案争议焦点是产品外包装存在瑕疵，是否符合食品安全标准，是否符合退一赔十惩罚性赔偿的认定标准问题。

相关法律条文分析

1.《食品标识管理规定》

第九条：“食品标识应当清晰地标注食品的生产日期、保质期，并按照有关规定要求标注贮存条件。乙醇含量10%以上（含10%）的饮料酒、食醋、食用盐、固态食糖类，可以免除标注保质期。日期的标注方法应当符合国家标准规定或者采用‘年、月、日’表示。”涉案产品需拆破包装才能查看生产日期，不利于消费者识别，存在一定的瑕疵，但不等于产品存在食品安全问题。该酒类产品酒精浓度为53%vol，根据乙醇含量10%以上（含10%）的饮料酒、食醋、食用盐、固态食糖类，可以免除标注保质期的规定。免标注保质期的瑕疵不会导致食品安全问题，也不存在因此误导消费者购买产品。

2.《中华人民共和国食品安全法》

第六十七条："预包装食品的包装上应当有标签。标签应当标明下列事项：（一）名称、规格、净含量、生产日期；（二）成分或者配料表；（三）生产者的名称、地址、联系方式；（四）保质期；（五）产品标准代号；（六）贮存条件；（七）所使用的食品添加剂在国家标准中的通用名称；（八）生产许可证编号；（九）法律、法规或者食品安全标准规定应当标明的其他事项。"

第一百四十八条："消费者因不符合食品安全标准的食品受到损害的，可以向经营者要求赔偿损失，也可以向生产者要求赔偿损失。接到消费者赔偿要求的生产经营者，应当实行首负责任制，先行赔付，不得推诿；属于生产者责任的，经营者赔偿后有权向生产者追偿；属于经营者责任的，生产者赔偿后有权向经营者追偿。生产不符合食品安全标准的食品或者经营明知是不符合食品安全标准的食品，消费者除要求赔偿损失外，还可以向生产者或者经营者要求支付价款 10 倍或者损失 3 倍的赔偿金；增加赔偿的金额不足 1000 元的，为 1000 元。但是，食品的标签、说明书存在不影响食品安全且不会对消费者造成误导的瑕疵的除外。"

原告徐某主张退一赔十惩罚性赔偿，需要符合经营明知是不符合食品安全标准的食品，即销售者主观上是明知该产品不符合食品安全标准，依然销售给消费者，才可能构成退一赔十惩罚性赔偿标准。若仅仅是食品的标签、说明书存在不影响食品安全且不会对消费者造成误导的瑕疵，不符合退一赔十惩罚性赔偿的标准。

三、启示体会

1. 加强产品责任纠纷法律风险防控

《中华人民共和国食品安全法》及相关规定颁布以来，得到社会普遍关注，职业打假成为社会热点话题。各单位务必要针对新形势、新风险，结合企业实际，对销售产品质量，特别是食品安全方面，需要制定严格的管理制度，做好产品责任纠纷法律风险防控预案和应对机制。为减少法律风险，应将防控工作提前至商品采购乃至合同签订环节，应在合同中明确约定相关商品的信息及瑕疵担保责任，并在商品采购全过程开展商品包装以及质量检验检查工作，以便层层管理排除风险。

2. 找准案件焦点及法律规定

经过详细分析徐某的诉讼请求，梳理案件的焦点是产品外包装存在瑕疵，是否符合食品安全标准，是否符合惩罚性赔偿的认定问题。在法律分析与应诉过程中，针对性地开展答辩，根据《食品标识管理规定》第九条第二款规定以及《中华人民共和国食品安全法》第一百四十八条第二款之免责规定，原告仅以包装瑕疵主张退一赔十惩罚性赔偿没有法律依据。

3. 谋划应急措施，有效化解舆情风险

鉴于本案系国内石油系统遭遇首例“职业打假”新型案件，具有典型示范性和较大影响力，A 省石油公司在做好诉讼应对工作的同时，针对原告提出的“发表不利 A 省石油公司的舆论”等风险，善于借助行政处罚等其他专业程序的辅助力量，通过争取行政机关同意 A 省石油公司关于该产品瑕疵不构成违反食品安全法的观点，最终做出产品全部下架退回供应商即“以整改为主”的行政处罚，变被动为主动，为应诉工作提供较好辅助力量。同时通过事先沟通，避免产生行政处罚，积极做好正面宣传和舆情风险防控工作。

公司、外聘律师强强联手
依法合规维护国企权益

——油田与王某触电人身损害责任纠纷

【摘要】石油化工企业在生产经营运行过程中，难以避免高温、高压、易燃、易爆、剧毒、放射性等高危作业，高度危险侵权行为亦时有发生。在案件处理中，国企从某种意义上来说甚至沦为了弱势群体，受害人及其家属往往通过各种较为极端的手段和行为，力图获得法外的赔偿或者补偿，企业往往在无须承担责任时被迫承担责任，或者仅需承担部分责任的时候承担所有的责任，在支付高额的“补偿”后才能案结事了。而本案是一起国企坚持依法治企，坚决维护国企合法权益的案例，案件最终以油田胜诉而宣告结束。

一、基本案情

2017 年 8 月 17 日，某市供电公司（供电人）与某油田采油厂（用电人，以下简称“A 厂”）签订高压供电合同，双方在合同中约定：“供电设施产权分界点为：110 千伏水乡变电站水 20 开关 10 千伏刁市线习家嘴泵站支线某 11 杆 T 接的高压隔离刀闸及开关向供电人延伸 200 毫米处，高压隔离刀闸及开关产权属用电人，操作权属供电人；供用电设施的运行维护管理及责任认定依据双方约定的分界点，电源侧产权属供电人，分界点负荷侧产权属用电人，双方

各自承担产权范围内供用电设施的运行维护管理责任，并承担各自产权范围内供用电设施上发生事故等引起的法律责任。”

2018 年 6 月 18 日晚 5 时 30 分许，受害人王某受朋友邀约到王某 1 所有的鱼池钓鱼。当其持钓鱼竿沿鱼池边行走时，钓鱼竿上端触及鱼池上方 10 千伏高压裸体输电线路（上述高压供电合同涉及的高压线路），致王某触电当场身亡。当地派出所接警后对事故进行了接警调查处理。受诉法院根据当事人的申请依法委托 ×× 司法鉴定中心对王某的死亡原因进行鉴定，鉴定意见为：王某系因电击致急性呼吸循环功能衰竭而死亡。据现场勘查，涉案高压线路依据“高压供电合同”的约定属于 A 厂所有。

2018 年 6 月 21 日，案发地镇政府召集死者家属、涉事村委会、供电公司、A 厂协商处理该案件。受害人家属提出由 A 厂先期垫付丧葬费 10 万元或者负责处理受害人全部后事的要求，镇政府亦于次日发函要求 A 厂先期垫付鉴定费、丧葬费 8 万元。油田法律部门组织公司律师经过案件分析，初步认为该案中侵权人的认定尚需法院裁判，在侵权人、侵权人责任未被司法确认前，当事人的权利义务尚不明确清晰，同时认为受害人家属的要求缺乏事实和法律依据，故建议受害人家属通过司法程序维护自己的合法权益，并承诺如果司法机关最终裁判应当由 A 厂承担责任，A 厂一定依法承担。

其后几日，受害人家属四处扬言，若 A 厂不赔偿，将上访甚至越级上访，直至 A 厂满足所有赔偿要求。A 厂也非常鲜明向受害人表明了态度：该案依据国家“访诉分离”的政策应适用司法程序进行处理，通过缠访、闹访等手段不能达到目的。

6 月 27 日早 7 时 40 分，受害人家属纠集 17 人打着“严惩为祸一方霸权采油厂”的横幅到 A 厂机关大楼门前聚集，四处散发不实传单，导致上百名不明真相的围观群众急速聚积，A 厂机关大楼门前主干道交通一度瘫痪。A 厂及时报警后，油田特警支队及当地派出所于 8 点 40 分现场收缴了横幅并遣散了聚集人员，A 厂恢复了正常工作次序。

受害人家属通过以上方式没有达到目的，迫于无奈，于 2018 年 7 月 3 日到当地法院提起诉讼，诉请供电公司、A 厂、王某 1 共同赔偿经济损失 876849.20 元。

因该案件较为复杂，同时案件结果涉及面广、影响力大，基于此，A 厂委派公司律师负责该案件的办理，同时聘请当地一家律师事务所律师共同办案。

办案律师在接手案件后，迅速展开下列工作：

首先是继续收集相关案例，特别是最高人民法院公报、湖北省高、中级人民法院的相关案例及观点，争取从历史解释、法理解释的角度诠释本案中“经营者”的内涵及外延。

其次，①协调 A 厂生产、经营、基建部门收集电力工程资料，最终取得了相关竣工报告及备案资料，以证明 A 厂涉案电力设施符合国家规范的规定。②前往发案地寻找知情村民，以证明本案被告王某 1 在 A 厂电力设施架设后挖鱼塘并在涉事处垫高土层的事实，最终找到 3 名当地村民，但 3 名村民向律师陈述上述事实后，均基于可以理解的缘由，不愿出庭作证，取证失败。③向受害人生前所在地居委会、受害人租赁房屋的房主、受害人曾经工作过的单位、受害人自营店面附近人员了解情况，最终确认情况基本属实，可以认可原告的诉请。

最后，在一、二审期间，律师 7 次前往一审、二审法院与办案法官沟通案情，阐述 A 厂观点，力争获得法官的支持。

本案一审开庭时，A 厂从法理、法律沿革、法律解释的角度充分阐述了在本案中应当认定某市供电公司系法律规定中的“经营者”，A 厂不是本案适格被告的观点；关于被扶养人生活费不应计算被害人父母生活费的观点；关于被害人存在重大过错，应当减轻经营者的侵权责任的观点，最终被法院采纳。一审法院判决：被告某市供电公司赔偿原告经济损失 444963.75 元。驳回原告的其他诉讼请求。被告某市供电公司不服判决，提起上诉。最终二审法院判决：驳回上诉，维持原判。

二、法律分析

触电引起的人身损害赔偿案件可分为高、低压电引起的两种。依据《中华人民共和国侵权责任法》的规定，低压触电适用一般侵权归责原则，而高压作业属于《中华人民共和国民法通则》第一百二十三条规定的高危作业之一，高压触电属于特殊侵权，适用无过错归责原则。

（1）本案中，应当适用无过错归责原则没有疑义，但侵权人的确定无疑成为案件的争议焦点。《中华人民共和国侵权责任法》的第七十三条：“从事高空、高压、地下挖掘活动或者使用高速轨道运输工具造成他人损害的，经营者应当承担侵权责任。”本案中侵权人即为高压线路的“经营者”，确定了谁是经营者，就确定了侵权人。供电公司与 A 厂究竟谁才是承担责任的“经营者”将成为庭审的最大争议焦点。

（2）本案作为高压触电的人身损害案件，在适用无过错责任原则的基础上，应当适用过失相抵的民事责任原则，即“被侵权人对损害的发生有过失的，可以减轻经营者的责任。”，根据原告提交的证据，被害人户籍资料显示文化程度为“大学专科"，具有在高压电线下钓鱼存在高度危险的判断和防护意识，其因疏忽大意造成本案事故发生，存在重大过错，可以减轻经营者的侵权责任。

（3）若能举证A厂用电设施符合国家规定，是否能够免责？经过分析，高度危险责任适用无过错责任原则，受害人不须证明加害人有过错，加害人亦不能通过证明自己无过错而免责。本案中，即使证明了电力设施符合国家规定，也不能免责。但因为该设施资料由A厂掌握，举证成本不高，可作为证据向法庭提交。

（4）鱼池所有人王某1在本案中是否存在过错？过错与侵害结果是否存在因果关系？都需举证证明。

（5）受害人系农业户口，但依据城镇居民的赔偿标准提出诉请。最高人民法院〔2005〕民他字第25号复函提出："人身损害赔偿案件中，受害人虽为农村户口，但其经常居住地和主要收入来源地均为城镇，有关损害赔偿费用应当根据当地城镇居民的相关标准计算。"庭审前经调取原告提供的证据，而该证据不足以证明受害人符合上述情况，A厂可以进行取证核实，若发现对方开庭后补充的证据为虚假证据的，可以进行反驳。

（6）原告诉求中的被扶养人生活费中计算了受害人父母的生活费，但其父母并不符合"丧失劳动能力并无其他收入来源的"的条件，该诉请不应获得法院支持。

（7）虽然我国是成文法国家，判例不能作为法院裁判的依据，但在我们的经验中，一个说理性强、法律适用正确的案例群往往能够或多或少影响审判者的裁决。经查阅大量类似案件，我们发现：①84%的案例把"经营者"解释为"产权人""管理人"。从案例判决适用规则比例看，对A厂非常不利。②有法院近年来判决时依据的是《最高人民法院关于审理触电人身损害赔偿案件若干问题的解释》（法释〔2001〕3号）第二条"因高压电造成人身损害的案件，由电力设施产权人依照民法通则第一百二十三条的规定承担民事责任"。受害人家属也曾经依据该解释向我方要求赔偿。而该解释因与

《最高人民法院关于审理人身损害赔偿案件适用法律若干问题的解释》相冲突，2013 年 2 月 26 日法释〔2013〕7 号将其废止。鉴于这种情况，与主审法官进行有效沟通变得非常必要。

三、启示体会

1. 公司律师与外聘律师优势取长，弱势互补，形成合力

长期以来，法律顾问、法务作为国企的内部工作人员，调查、取证权受到限制，在证据的获得上缺乏参与，对案件的把握相对专业律师也有所不足，而公司律师制度补齐了这个短板。本案中，A 厂的公司律师在律师事务部的指导和帮助下，在诉讼过程中直接参与案件的调查取证，案件处理质量明显提高。

公司律师属于企业员工，对公司内部机构、职能更加了解，对案件中公司涉案的情况更加清楚，而外聘律师对当地司法环境更加熟悉，对本地法院的内部程序更加明了。在案件处理过程中，公司律师、外聘律师分工合作，与司法机关的沟通更加便捷、有效，公司内部取证更加高效、精准。公司律师的存在缩短了公司与外聘律师的合作磨合期，外聘律师和公司能够更加有效地沟通，处理案件更加规范、勤勉，本案得以顺利胜诉结案。公司、外聘律师合作机制在案件运行过程中起到了润滑剂、催化剂的作用。

2. 权利义务不明的前提下，慎用调解、诉前和解

在案件有争议、权利义务不明的前提下，应当正确引导当事人走入合法的诉讼程序，不能一味地“求稳定、保和谐”来满足当事人无理诉求。例如本案，承担责任的主体问题尚存有争议，A 厂坚持通过司法途径解决纠纷，不同意以和解的方式（和解意味着赔偿）解决本案纠纷，把当事人引导进入司法程序，通过公正的审判，受害人的损失得到了弥补，合法诉求得到了法院的支持，A 厂也没有

承担赔偿责任，有效地维护了国有企业的合法权益。

3. 摒弃“访诉不分”的做法，依法合规维护企业合法权益

以往企业处理该类纠纷，往往都是从息诉息访和社会稳定的角度出发，在解决类似问题时忽视法律的规定，甚至超越、违反法律规定的程序，以特殊的方式加以解决，社会公众形成了解决问题需要闹、需要缠、需要穷尽极端手段的错误导向，客观上也助长了缠访缠诉、越级访现象的发生。本案中，A 厂决策层坚决贯彻中共中央办公厅、国务院办公厅《关于依法处理涉法涉诉信访问题的意见》，认定该案不属于信访事项，同时多番引导当事人通过司法途径解决纠纷，最终通过司法程序达到案结事了的目的。

四、结语

虽然案件以受害人和 A 厂胜诉告终，而本案其实没有真正的胜者，对于任何人来说，生命仅有一次，只有把人的生命、安全放到第一位，才是真正的“以人为本”。尽管 A 厂的电力设施符合国家规范，但案件结案后不久，A 厂将原 35.5 千米架空裸导线全部更换为了绝缘架空导线……

其他类案件

项目合作终止引发仲裁撤销裁决避免经济损失

——A石油公司燃料乙醇项目合同纠纷案

【摘要】2018年2月26日，A省仲裁委员会对B公司与A石油公司的燃料乙醇项目合作合同纠纷做出裁决，由A石油公司承担B公司的部分联营损失并赔偿经济损失。A石油公司立即向法院提出撤销仲裁裁决的申请，最终法院裁定撤销A省仲裁委员会做出的仲裁裁决。

一、基本案情

2007年3月21日，A石油公司与B公司签署《燃料乙醇项目合作框架协议书》（以下简称《框架协议》），主要约定：双方同意依据国家有关法律规定，共同投资组建燃料乙醇项目公司，企业性质为有限责任公司，企业产品主要为燃料乙醇；B公司全权负责燃料乙醇项目的原料供应，A石油公司全权负责全部燃料乙醇的销售和乙醇汽油的调和与分销；项目论证和报批期间所发生的差旅、食宿等费用由各方自行承担，属国家规定的报建收费，先由双方垫付，待项目公司成立后由项目公司支付；有效期自本协议生效之日起2年内有效，有效期满后如协议内容未执行完毕的，经双方共同协商确认后可以顺延。

2016 年 12 月 15 日，B 公司向 A 省仲裁委员会提交《仲裁申请书》，请求裁决：①解除 B 公司与 A 石油公司于 2007 年 3 月 21 日签订的《框架协议》；② A 石油公司承担联营亏损人民币 5755537.03 元及美元 1053017.1 元；③ A 石油公司赔偿 B 公司经济损失人民币 13429586.41 元及美元 2457039.91 元；④ A 石油公司承担本案律师服务费 25 万元；⑤ A 石油公司承担本案的仲裁费。

A 省仲裁委员会最终裁定 A 石油公司承担 B 公司联营亏损的 30% 和经济损失 35%（按申请人主张 70% 部分的联营亏损，双方各自承担 50%），此外，还包括部分仲裁费和鉴定费，共计人民币 8660336.7 元及美元 1333778.92 元。

A 石油公司收到仲裁裁决书后，立即采取以下应对措施：

1. 及时采取撤销仲裁裁决的司法救济措施

2018 年 2 月 26 日收到仲裁委做出的裁决书，A 石油公司立即组织新的律师团队赴总部汇报仲裁结果，在总部指导下寻找案件突破口，确定诉讼方案，3 月 8 日，向法院提出撤销仲裁裁决的申请。

2. 着重《司法会计鉴定报告书》，找准案件突破口

在法律规定的撤裁事由和依据范围内，A 石油公司决定以域外证据的鉴定程序及对方隐瞒证据为重点突破口，组织法律人员、财务人员及外聘的专业会计团队，翻查五大箱的证据材料，找出原《司法会计鉴定报告书》中的程序错误及与事实不符的地方，做出《对〈司法会计鉴定报告书〉的专项鉴定意见》。

3. 步步为营，不断深挖证据

经过中级人民法院的庭审和高级人民法院的询问程序，随着案件进展，A 石油公司及律师团队坚定信心、毫不松懈，多次召开专题工作会，以对方为了主张经济损失所举证的域外证据为审查基础，

从企业经营管理角度进一步分析对方有隐瞒证据的可能性，继续深挖域外证据材料。

最终，法院裁定撤销A省仲裁委员会做出的仲裁裁决。

二、法律分析

撤销仲裁裁决属于程序性的诉讼，且需要找准符合法律规定的撤裁依据和事由，举证难度很大。本案中，B公司提交的部分证据材料系老挝语资料，未按照仲裁规则的规定提交中文译本。老挝语作为小语种，仲裁庭在无中文译本的情况下，就将该证据材料直接交由A石油公司质证。鉴定机构在鉴定中自行聘请外语人员进行翻译，该译本在未经质证的情况下直接用于鉴定，既违反了仲裁规则的规定，也影响到A石油公司对证据进行实质性质证的权利，可能影响案件正确裁决，符合《中华人民共和国仲裁法》第五十八条第一款第（三）项规定的违反法定程序的情形。

三、启示体会

1. 加强合同履行和终结的过程监控

本案重点在于合同履行中双方是否按照合同约定履行义务，合同项目发生变化、合同主体有重大变更或其他与合同约定不一致的情形发生时，合同主办单位应及时将情况反馈给法律部门，以使法律部门提前介入，做出相关应对措施。

2. 加强合资合作项目管理风险防控

企业合资公司相关管理制度要进一步完善，派出人员要确定职责，在股东赋予的权限内切实代表股东行使权利，及时、定时、主动向股东反馈相关项目运作的一切信息，履行重大事项预审制，充分保障股东方合法权益，做好法律风险事前防范及事中控制。

潜在纠纷及时化解　避免损失无限放大

——某油公司与服务公司合同纠纷案

【摘要】A 油气田下属采油厂油管修复项目招标，B 公司中标后，因 A 公司关停油井，签订合同已不再符合生产需要。B 公司为此找 A 公司要求签订合同或给予项目承诺。协商无果后，B 公司先是向合同履行地法院提起诉讼请求 A 公司给付油管仓储费用 300 余万元，后又向 A 公司所在地法院起诉请求 B 公司承担违约责任 100 余万元。

一、基本案情

A 油气田公司下属采油厂油管修复项目，在经过招标、评标和定标等招标工作程序后，B 公司中标。因原油价格持续下行，原油开采成本居高不下等原因。A 公司决定调整生产结构，关停在产油井设施，集中优势力量发展天然气。在此背景下，A 公司采油厂的继续履行油管修复项目将没有实际意义，因此，在发出中标通知书后，没有与中标人签订合同。

B 公司的管杆检测站位于 A 公司采油厂附近，是某油田企业存续资产，多年来一直对外出租给 B 公司。B 公司以承租的厂房、设备从事油田行业的油管杆检测业务，在 A 公司关停油井前，双方曾有业务合作关系，A 公司的待修复抽油管等设施也长期存放在 B 公司承租的管杆监测站院内。

B公司为此找A公司要求签订合同或给予项目承诺，A公司下属采油厂认为费用过高，长期没有达成一致意见。B公司遂以A公司和下属采油厂为被告起诉到法院，请求给付管杆保管的仓储费用。在诉讼过程中，又在另一法院（A公司住所地）起诉A公司，要求就发出中标通知书但没有签订合同的行为承担损失赔偿和违约责任。

二、法律分析

本案是基于一个事件，两种法律关系，引发的两起诉讼纠纷案件，一个是基于保管关系形成的纠纷，另一个是基于中标通知书发出以后，没有签订合同的法律责任问题。

在第一起纠纷案件中，争议的焦点问题是管杆存放行为形成的是仓储合同关系还是保管合同关系。依据《合同法》第三百八十一条仓储合同是保管人储存存货人交付的仓储物，存货人支付仓储费的合同。《合同法》第三百六十五条规定保管合同是保管人保管寄存人交付的保管物，并返还该物的合同，第三百六十六条规定寄存人应当按照约定向保管人支付保管费。当事人对保管费没有约定或者约定不明确，依照本法第六十一条的规定仍不能确定的，保管是无偿的。显然如果审判庭认为双方形成的是仓储关系的话，对B公司有利，如果是保管关系则对A公司有利。一审法院判决支持了A公司的诉讼请求，判决A公司无须支付任何费用。B公司上诉后，二审法院认为一审认定事实不清，发回重审，现该案件仍处于重审阶段。

在第二起纠纷案件中，争议的焦点是A公司是否应对未签订合同承担责任，如果承担责任，承担的是违约责任还是缔约过失责任。最终法院认为A公司应当承担缔约过失责任，双方当事人不服，上诉至上级法院，目前仍未审结。

三、启示体会

本案虽未审结，但复盘案件发生原因和处理过程，会进一步促使我们反思管理上存在的问题。一是发案隐患不及时处理会造成风险的无限扩大。至B公司起诉时，A公司下属采油厂与B公司之间协商处理3年之久，费用从争议之初20余万元到诉讼总标的额400余万元，极大增加了企业的诉讼拖累和处理成本。因此，在责任相对清晰的纠纷案件处理中，如果能避免诉讼，将矛盾纠纷化解在最初阶段，将有利于防范化解诉讼带来的不确定性风险。二是合规意识应贯彻到各方面工作中。案件发生前，双方存在着良好的合作关系，正是基于业务关系的存在，掩盖了管杆存放行为可能面临支付费用的现实风险，双方交恶后，B公司穷尽一切手段向A公司主张赔偿。如果A公司能够有较强的合规意识，就保管行为的费用问题进行约定，或者在之前的合同中进行约定，因保管行为引发的纠纷可以避免。三是企业应具备风险识别意识。如果采油厂能够意识到公司可能出台油井关停措施，暂缓管杆检测招标，也就不存在可能承担的违约或缔约过失责任。四是部分干部存在认为和解有审计问责风险，经过法院审判才有理有据的错误意识。因此，企业应完善制度建设，为勇于担当作为，为及时化解矛盾纠纷的领导干部撑腰鼓劲，激励领导干部勇于作为，鼓励矛盾纠纷尽早处置、及时化解。

完善合同订立依据　追寻本质法律关系

——A公司与B公司、C公司合同纠纷案

【摘要】 2009 年 12 月，A 公司与 B 公司共同合作进行项目开发，C 公司为 B 公司提供连带责任保证。由于 B 公司、C 公司未按约定向 A 公司履行土地补偿款，A 公司遂诉至法院。本案一审、二审历经 3 年最终取得胜诉，A 公司诉讼请求得到法院支持，挽回经济损失 1000 余万元。

一、基本案情

A 公司与 B 公司、C 公司于 2009 年签订《项目合作及股权转让协议书》，通过 A 公司向 B 公司转让项目公司（D 公司）股权的方式，对使用权登记在 D 公司名下的项目土地进行合作开发，同时 C 公司作为保证人为 B 公司提供连带责任保证。项目开发后的商品住房及车位定向限价销售给 A 公司指定购房对象；B 公司则有权获得商业用房的全部销售收益；同时 B 公司应按商业用房分摊的土地面积乘以每亩（666.67 平方米）150 万元的金额补偿给 A 公司。由于 B 公司、C 公司未按约定支付相应土地补偿款，A 公司据此向法院提起诉讼，要求 B 公司履行付款义务，并要求 C 公司承担连带清偿责任。

A 市 B 区人民法院受理本案后，于 2017 年 12 月 8 日做出一审

判决，判令：一、B 公司向 A 公司支付补偿款 1087 万元；二、C 公司对 B 公司债务承担连带清偿责任，并享有对 B 公司的追偿权；三、驳回 A 公司其他诉讼请求。一审判决后，B 公司向 A 市中级人民法院提出上诉。A 市中级人民法院于 2019 年 11 月 22 日做出二审判决：驳回上诉，维持原判。

二、法律分析

本案争议焦点的核心在于案涉《项目合作及股权转让协议书》中关于 B 公司向 A 公司支付补偿款的约定，其性质及效力的认定问题。协议中关于支付土地补偿款的条款表述是清晰明确的，B 公司抗辩其不应当承担该付款义务，主要理由在于认为案涉协议在另案诉讼中已经被认定为商品房预售合同纠纷，项目土地使用权系通过 D 公司收取购房人预付房款支付出让金取得，之后已经用于冲抵购房人的相应房款，A 公司仅为该项目的团购组织人，不承担项目任何实质性权利和义务，因此 B 公司向其支付补偿款没有事实基础与法律依据且违背等价有偿原则。针对双方产生的争议，两审法院的关注焦点都集中在协议中涉及的法律关系性质。

案涉协议虽然名为《项目合作及股权转让协议书》，实际上涉及多重法律关系，包括：A 公司与 B 公司之间的股权转让法律关系，A 公司与 B 公司之间的商品房预售合同关系、A 公司与 C 公司之间的保证担保关系。当一份协议中存在多重法律关系并存时，法院在审理时也会依据当事人诉争请求的不同分别进行审查和认定。

虽然 B 公司就案涉协议主张税款及资金占用损失的另案诉讼与本案都是基于同一份协议产生的合同关系，但由于两案诉讼请求完全不同，法院审理时针对的也是同一份协议项下的不同法律关系。另案诉讼中法院认定的商品房预售合同关系，是基于 B 公司诉讼标的作出的涉及该部分请求法律关系性质的认定，而并未涉及土地补偿款争议，因此不能以此作为本案中土地补偿款所涉法律关系性质的认定依据。

在对本案土地补偿款所涉法律关系性质审查的过程中，法院认为虽然协议中采用了“补偿款”的表述，但该约定背后的实质仍然是基于A公司和B公司在转让D公司股权过程中产生的股东权益。B公司虽然仅受让取得了D公司股权，并未直接取得项目土地使用权，但项目土地作为双方此次合作开发的对象，其使用权登记在D公司名下必定会在转让D公司股权时对交易、对价产生影响，而“补偿款”正是A公司与B公司之间就股权价值进行衡量后作出的交易安排，并非处分D公司财产的问题，因此不应以其表述方式不同或支付节点在后而改变其股权转让款的本质法律特征。

基于前述理由，最终一、二审法院均认可A公司的主张并支持了A公司的诉讼请求。

三、启示体会

1. 注意对合同的合规性审查

合同文本作为合同类纠纷中主张权利义务的重要依据，对合同的合规性审查需兼顾合同条款自身的规范，以及对合同主体真实意思表示的如实反映。一方面，不违反法律、行政法规的强制性规定是合同生效的重要前提。而法律规定同时具有正向的引导、规范功能及反向的禁止、惩罚功能，因此在审查合同时既要注意规避法律禁止性规定，又要重视正面规定的指导性作用。不同法律关系的构成要件及对应的法律责任是截然不同的，对于合同文本的拟定、表述应尽可能符合各法律关系的特征与要件，避免出现多重法律关系或责任竞合时，因约定不清产生歧义而导致背离合同订立初衷的不确定性。另一方面，合同自由原则、尊重当事人意思自治是我国司法实践中一直践行的基本原则。在订立合同时全面准确地体现双方协商一致的内容，有助于在出现争议时还原双方在缔约及磋商时的真实意图和根本目的，进而确定合同项下法律关系的本质。

2. 对于多重法律关系下的争议纠纷，需厘清不同关系的性质，慎重选择案由

由于市场经济活动往往涉及多主体、多层面的复杂往来关系，据此拟定的合同无论采用有名合同还是无名合同的形式，其内容往往同时包含有多重法律关系。针对该类合同产生争议纠纷时，如果不梳理清楚其中不同层面的法律关系，容易陷入“一事不再理”或者权利义务混淆的认识误区。在应对该类争议纠纷的过程中，厘清法律关系选择适当案由，有利于确定正确的诉讼方案和应对策略，从而节约诉讼成本、提高诉讼效率，无论是起诉立案还是应诉抗辩，都是关系到自身主张最终能否得以支持的重要因素。

3. 重视加强企业法律合规管理

从法律角度出发，考虑到诉讼手段往往是企业权利受到损害时的最后一道防线，在企业日常经营管理及合同审查过程中不断优化法律合规管理，加强内部风险防范，既能够尽可能降低诉讼争议的爆发，又能够从容应对可能出现的讼争纠纷，无论对提高企业风控质量还是应对后期诉讼而言都具有积极意义。

企业改制未及时变更不动产登记引发资产流失风险

——某石化公司厂房确权过户纠纷

【摘要】2017 年底，M 石化公司（以下简称 M 公司）根据央企公司改制要求办理相关资产主体更名专项清理时发现，公司在某市 713 厂房产权证被原改制企业 G 公司擅自在银行贷款设置了抵押。经交涉取回产权无果，M 公司在某市提起厂房确权过户诉讼，历经确权两审、省高院再审、检察监督程序及排除妨碍（过户）两审程序，最终取回厂房所有权。

一、基本案情

1993 年 M 公司以改制企业 G 公司名义购买涉案厂房，2005 年 G 公司改制后仍沿用原企业名称，M 公司将 S 市的厂房等非改制带走资产从财务账上剥离回公司。基于扶持政策仍租赁给改制企业用于转租经营，且厂房仍登记在 G 公司名下。2013 年 G 公司改制职工将改制企业股权全部对外转让，新股东于 2015 年利用厂房产权证设置抵押，为其关联公司在银行的借款提供 8500 万元抵押担保。M 公司要求 G 公司及借款人清偿借款及配合办理产权过户无果，于 2018 年 1 月向某市区法院提起确权过户诉讼，一审法院基于物权公示原则及涉案房产设有抵押驳回 M 公司确权过户请求。M 公司不服一审判决提出上诉，依据物权法司法解释有关规定实现了厂房确权二审判决胜诉。G 公司不服向申请省高院再审及市检察监督均被驳回，2019 年 1 月，M 公司取得二审判决生效文书后立即接管厂房，同时加大非诉协调力度，协同银行催促借款人在抵押合同展期内还清全部借款后，于 2019 年 7 提起厂房排查妨碍（过户）诉讼，历经两审程序，2020 年 3 月法院二审判决 G 公司配合 M 公司办理厂房过户。目前在申请强制执行过户中。

二、法律分析

（一）相关法律条文分析

（1）《中华人民共和国物权法》第九条："不动产物权的设立、变更、转让和消灭，经依法登记，发生效力；未经登记，不发生效力，但法律另有规定的除外。"一审法院认定涉案房产登记在 G 公司名下，符合物权法第九条物权登记公示生效之规定。但未考虑法律除外条款的规定。

（2）最高人民法院关于适用《物权法》司法解释（一）第 2 条规定"当事人有证据证明不动产登记簿的记载与真实权利状态不符、其为该不动产物权的真实权利人，请求确认其享有物权的，应予支持"二审法院基于涉案房产不属改制带走资产的事实认定，应符合适用物权法司法解释（一）第 2 条规定，也即应适用物权法第九条中的"法律另有规定除外"规定。

（二）两审法院判决结果分析

（1）一、二审法院判决结果：一审法院判决基于涉案房产登记在G公司名下，M公司改制时进行了资产剥离，确认房产不属改制带走资产，依据物权法第九条及物权公示原则，涉案房产已登记在G公司名下，发生法律效力。M公司请求确认涉案房产归其所有没有法律依据，且房产设有抵押，对产权登记转移造成障碍，经调解M公司不愿代借款人清偿借款涤除抵押以消灭债权（优先保护银行合法债权），对M公司提出的确权及过户两项请求均不予支持。二审法院认为一审法院未考虑改制成因、G公司从未支付购买厂房对价且无证明产权属其所有的证据等事实，引用物权法第九条判决属适用法律错误予以纠正，二审法院适用物权法司法解释第二条规定判决厂房产权属M公司所有，但基于M公司不愿代借款人清偿欠款涤除抵押消灭债权，对M公司过户请求维持不支持判项（优先保护银行合法债权）。

（2）判决结果分析：两级法院均认可涉案房产不属改制带走资产，厂房产权事实应属M公司所有，但基于厂房被设置抵押，物权上有银行作为善意第三人应受保护的金融债权，均不支持在抵押涤除前直接判决支持过户给M公司。一、二审法院的判决结果区别在于：一审法院基于保护银行合法债权而遵循目前司法审判实践，基于产权登记转移法律障碍，无法实现判决过户，将M公司确权及过户两项请求均予以驳回，在M公司不愿代借款人清偿借款消灭抵押的情况下，采取优先保护银行合法债权，遵循了待当事人双方解决抵押的法律障碍后，再予以确权连同过户同步判决司法审判实践惯例。该判决引发的后果是，借款人如不能清偿银行借款，涉案房产必然被抵押拍卖处置，虽银行债权得到保护，但导致M公司不得不为借款人清偿借款涤除抵押，或接受拍卖处置后再主张合法权益，无论哪个选择都将造成国有资产权益损失。二审法院注意到一审法院审判思路的弊端，对适用法律的错误予以纠正，在M公司不愿代借款人清偿欠款涤除抵押消灭债权的情况下，通过适用物权法司法解释第二条规定做出了确认厂房产权属M公司所有，过户另行处理的判决。不仅同时满足保护银行合法债权及保障M公司国有资产不流失的需要，还有效促进银行承认M公司是合法产权人的事实，为M公司后续协同银行施压借款人清偿借款、涤除抵押排除过户障碍提供了合法依据，为M公司完好无损取回厂房权属、实现重大国有资产转危为安奠定合法基础。

三、本案启示

（1）国有企业在日常资产管理中，须严格依照物权法、土地管理法、城市房产土地管理法等法律法规规定，在占有、使用、收益、处分房屋、土地等不动产行为中，依法及时办理不动产物权登记，妥善保存好相关权证等资料。特别在重大改革改制中，须重视依法及时办理相关资产权属登记变更。

（2）在国有资产依法维权中，应坚持“以事实为依据，以法律为准绳”为指导思想开展应诉工作。一是制定行之有效应诉策略是胜诉的基础。在全面法律分析基础上确立诉讼核心目标，制定“确权－过户”应诉策略；二是充分完整的证据是胜诉的关键。要全面充分收集有效证据，形成完整有效支撑诉求的证据链条；三是抓住难点重点突破是胜诉的核心。要深入研究分析案件焦点、适用法律条文、厘清法律关系脉络及涉案各方核心利益；四是沟通了解司法机关审判思路是胜诉的保障。结合案件涉及的难点，重点加强调查分析司法审判实践做法，探索研究有效平衡各方利益可行性判决路径。

（3）在确定诉讼目标及策略后，加强法律资源的统筹组织，上下联动，形成合力共同依法捍卫国有资产权益。本案最终实现厂房判决过户关键在于 M 公司积极争取，上级大力支持，上下联动，通过有效沟通协调，促使银行配合施压，借款人按期清偿了借款并涤除抵押，消除了房产过户障碍，确保了价值 2.58 亿元的国有资产完好无损。

权属登记非易事　法律维权需积极

——房屋买卖纠纷及执行案

【摘要】 因公司的发展需要，A公司搬迁至W市，在W市购买了一栋商品房作为办公楼使用，于2010年与B公司签订了《商品房买卖合同》，约定支付70%购房款后办理权属证书。合同签订后，A公司依约支付了70%购房款，B公司未依约办理权属证书。为了尽早入驻办公，A公司支付了98%的购房款，办公楼亦实际交付使用。此后A公司一直要求B公司办理权属登记，B公司却因经营陷入僵局，无法协助办理权属登记，所购商品房权属问题成为历史遗留问题。

一、基本案情

2010年，A公司与B公司签订了《商品房买卖合同》，房屋总价款约4600万元，约定支付70%购房款后办理权属证书，权属证书办理完毕后10日内支付剩余购房款。2011年，A公司分4次支付了98%的购房款，B公司交付了办公楼，但并未依约办理权属证书。

2014年，与B公司协调无果后，经调查发现B公司经营情况严重恶化、濒临破产，如不及时办理权属证书，将会产生重大损失风险。A公司经研究后向W市中级人民法院申请财产保全并依法起诉，但由于B公司名下土地包括A公司购买的办公楼所属土地已被H市人民法院依据生效法律文书查封，W市中级人民法院只能依法进行轮候查封。

为解决房屋所属土地查封事宜，A公司就土地查封向H市人民法院依法提出执行异议，未得到有效回复。2015年11月2日，W市中级人民法院依法判决A公司胜诉。一审判决后B公司虽未上诉，但执行过程中极度不配合，协调无果后A公司依法向W市中级人民法院申请强制执行。经A公司多番努力以及W市中级人民法院的全力协助下，H市人民法院对房屋所属土地的查封被依法解除，至此，A公司正式成为第一序位查封人，办公楼办理权属证书前期的权利妨害均已排除。

在继续办理不动产登记手续过程中，A公司发现本应由B公司负责的多项办证前置程序均未完成，办证材料严重缺失。A公司准备向W市不动产登记中心申请以法院下达协助执行文书的形式直接办理过户登记手续。但登记中心要求必须补办房屋初始登记后再进行房屋过户登记，办理不动产登记手续仍存在多重障碍，难以通过判决直接办理。

因此，A公司决定按照正常办理不动产登记的流程执行。A公司通过法院另一起涉及B公司的案件找到B公司相关项目人员，该人员直接参与了涉案房屋的项目管理，在多番协调沟通下，对方表示可以提供初始登记的部分资料。同时，协调法院向B公司施压以协助办理房屋初始登记手续。A公司以B公司的名义跑遍了W市设计、房管、测绘、土地、规划等部门，积极准备房屋初始登记的所有资料，完成了房屋初始登记手续。

在进行下一步不动产登记手续时，发现办公楼所属土地宗权被冻结以至于不动产登记中心无法收件。经与多方协调沟通下，最终确定以法院文书的形式协助执行，顺利解决了土地宗权冻结与办理不动产登记手续的冲突。至此，办理权属证书的障碍均已消除，A公司顺利完成了权属变更登记手续。

二、法律分析

本案系因商品房买卖产生的纠纷，买卖合同的法律关系并不复杂，但在房屋买卖及不动产过户过程中的产生的如下问题却比较复杂。

（一）维权的意识、方式、方法

本案房屋不能办证的问题在2011年已经显现，A公司维权虽未懈怠，但开始采用的维权方式是与B公司沟通，希望通过友好协商的方式解决问题，效果并不理想。

诉讼是法律赋予的维权方式，在众多不确定因素下应作为首选方式。A公司申请查封之前，案涉房屋所属土地已被其他法院查封，这给生效判决的执行造成了严重障碍，随后该土地又被十几家法院依次查封，若非A公司及时起诉并查封，在存在多位前置查封人的前提下，该案几乎不可能执行。因此，非诉讼方式（沟通）若不能及时解决问题，很可能会影响原本通过诉讼方式可以解决的问题。

诉讼方式不同，结果也不尽相同。实际案例中，有的买方要求解除合同、退还购房款，有的要求继续履行合同，这些都需要依据具体的情况而定。本案因房屋买卖合同引起，B公司因资金问题陷入僵局，若A公司主张解除合同，返还购房款，那么作为买方是要退还房屋的，届时不仅无权使用房屋，还可能收不到足额的房款，空余胜诉的判决，毫无意义。A公司起诉要求继续履行合同的做法经实践证明是正确的。

（二）查封问题

本案中，H 市法院作为房屋项下土地的首封法院，W 市中级人民法院轮候查封，其能否不通过涤除 H 市法院查封所依据的债权而直接要求其解除对土地证的查封？

《最高人民法院关于人民法院办理执行异议和复议案件若干问题的规定》第二十八条规定，金钱债权执行中，买受人对登记在被执行人名下的不动产提出异议，符合下列情形且其权利能够排除执行的，人民法院应予支持：（一）在人民法院查封之前已签订合法有效的书面买卖合同；（二）在人民法院查封之前已合法占有该不动产；（三）已支付全部价款，或者已按照合同约定支付部分价款且将剩余价款按照人民法院的要求交付执行；（四）非因买受人自身原因未办理过户登记。

本案 A 公司已经支付了 98% 的购房款且实际占有和使用该房屋，符合上述法律规定，同时，通过与各级法院沟通协调，H 市法院才同意解除查封。至此，A 公司成为了第一序位查封人，才有了办证的可能。

（三）协助执行的问题

本案中，W 市中级人民法院判决 B 公司为 A 公司办理权属证书，属于变更登记的意思，并非是设立登记。因此，在办理权属登记过程中，人民法院认为通过判决确定了所有权的变更就应当直接协助办理，但登记部门认为只有 B 供公司先完成初始登记，才能协助执行变更登记。

《最高人民法院、国土资源部、建设部关于依法规范人民法院执行和国土资源房地产管理部门协助执行若干问题的通知》第五条第二款规定，在执行人民法院确认土地、房屋权属的生效法律文书时，应当按照人民法院生效法律文书所确认的权利人办理土地、房屋权属变更、转移登记手续。

《房屋登记办法》第三十五条规定，因人民法院或者仲裁委员会生效的法律文书取得房屋所有权，人民法院协助执行通知书要求房屋登记机构予以登记的，房屋登记机构应当予以办理。房屋登记机构予以登记的，应当在房屋登记簿上记载基于人民法院或者仲裁委员会生效的法律文书予以登记的事实。

本案 W 市登记中心并未按照法院文书办理权属登记，仍要求先行补办 B 公司的初始登记，体现了司法资源和行政资源的不一致性。

（四）初始登记问题

初始登记是本案中最困难的环节，该问题是在后期合同履行过程中发现的，很难事先规避风险。A 公司不懈坚持，在多个单位的全力协助下，通过各种方式让 B 公司配合办理初始登记，从而办理了权属变更。

三、启示体会

通过以上的分析，提出如下风险防控建议：

（1）购房合同签订前，应对交易对象、交易标的开展全面地尽职调查，确保买卖双方确定合同权利义务之前，通过合理信息披露、调查，更好地、更全面地了解标的本身的状况，以便合同谈判时基于前期尽职调查的情况来设定对应避险条件，维护自身利益。

（2）购房合同签订后，应严格按照避险条件履行合同。坚持购房合同不备案不付款，房产权属证书不办理不付款的原则。如果对方负有先履行或同时履行义务却未予履行的，则应积极主张先履行抗辩或同时履行抗辩，以防范自己履行义务却得不到对价的风险。此外，针对对方的拒绝履行、迟延履行、履行瑕疵，作为守约方应视情况及时主张法定解除权或约定解除权以防范风险，以保护自己的合法权益。

（3）合同履行出现履行不能的情况（如开发商拖延办证）时，法律部门应第一时间介入，积极行使合同约定及法律规定的权利，进一步固化证据并确权，在与对方协调的同时启动诉讼程序，及时申请诉讼财产保全，以防止第三方冻结对方财产或对方恶意转移财产，致使案件胜诉却无法得到有效执行的不利后果。

（4）司法资源和行政资源存在冲突时，应加强与法院、行政机关的沟通，充分利用法院的司法权协调突破行政机关的各项行政规定，以确保合法权益的实现。

历史遗留问题应尽早通过法律途径解决

——某企业团购房案件

【摘要】2012年，A公司基于改善职工住房需求，与B房地产公司签订团购商品房协议，并鼓励职工参与认购，后B公司由于资金链断裂，房产项目搁置，无法履行合同。A公司面临财产损失和稳定风险，决定诉至法院，请求解除合同。胜诉后，协调品牌开发商成功接盘，化解了项目风险，依法解决了历史遗留问题。

一、基本案情

2012年，A公司基于新办公地址规划和改善职工住房需求等原因，通过企业优势，征得政府同意，委托开发商开发住宅项目，并鼓励员工参与团购，数百户职工及家属参与，签订协议书。前期项目如期开展，后因开发商资金链断裂，项目长期停滞。A公司多次协商未果，参与团购职工多次组织维权行动，由于A公司也是团购项目主体之一，面临财产损失和职工维权的稳定等风险。A公司在给予B公司宽限期，并组织人员对B公司进行进一步调查后，认为B公司基本丧失履约能力，在建工程项目随时存在被债务人抵押、被其他债权人查封等风险。为挽回损失，A公司决定优先向法院起诉，并采取保全措施，起诉请求法院判决解除A公司与B公司买卖合同，赔偿A公司利息和违约金等损失，同时为团购住房职工维权提供法律支持。经过法院审理，一审判决支持了A公司诉讼请求，判决解除合同，后B公司提交上诉状，但未按期缴纳上诉费，视为撤回上诉，一审判决生效。

判决生效后，面临更为困难的执行问题，由于处理案件当年房地产市场并不景气，有实力的开发商接盘提出条件较为苛刻，而后，在A公司协调下，C房产公司同意接盘，收购了B公司全部股权，与A公司债权人等达成还款协议，按约定向A公司，团购住房职工退回了购房款、赔付了违约金和利息等损失。避免了A公司和团购住房职工的财产损失，化解了信访稳定风险。

二、法律分析

（1）A公司起诉解除合同，还是主张合同无效的问题。A公司在提起诉讼的时候，诉讼请求可以选择请求解除合同，或请求法院确认合同无效，但选择请求解除合同主要是因为：如以B公司不具备商品房预售资格主张合同无效，司法实践存在争议，根据双方签订的《住宅协议书》和《项目协议》，依据《最高人民法院关于审理商品房买卖合同纠纷案件适用法律若干问题的解释》第二条规定："出卖人未取得商品房预售许可证明，与买受人订立的商品房预售合同，应当认定无效"，但如果上述协议如果不能够具备商品房买卖合同主要条款，法院如果认为协议书的性质是认购协议、预约合同，那么A公司主张合同无效，法律依据并不充分。因此，A公司收集证据的方向确定为证明B公司已经无法继续履行合同，致使合同目的无法实现。法律关系和诉讼策略的选择，往往是案件成败的关键。

（2）争议焦点问题之一，A公司与B公司的《住宅协议书》等协议的性质是买卖关系，还是合资合作关系问题。法院认为，案涉协议应当认定为定向开发建设性质的房屋买卖合同，应属于合法有效，同时，根据《最高人民法院关于审理涉及国有土地使用权合同纠纷案件适用法律问题的解释》第二十五条规定，B公司主张双方之间系合资合作开发房地产合同关系不能成立，对A公司主张双方之间系商品房买卖合同关系亦不予支持，本案的案由确定为房屋买卖合同纠纷。

（3）法院据以作出判决的解除依据是什么。A公司的诉讼策略主要在于，由于B公司违约，合同目的无法实现，请求解除合同，因此，大部分证据是围绕B公司多次承诺交房均未兑现，收到政府主管部门巨额罚款，经营状况恶化等方面开展。法院也因此采纳了A公司的证据和证明意见。成为法院判决解除合同的主要理由。

三、启示体会

（1）以公司名义参与或组织团购房产等项目，应把控法律风险。近年来，由于我国各地房价持续上涨，很多企业、政府部门利用规模优势，地方支持政策，与房地产开发企业协商定向开发房地产项目，为职工以优惠价格购买住房创造条件。但该类项目资金投入大、购房人群体数量多，一旦项目运行不畅，容易导致法律纠纷和诉讼风险，另外，部分地区如云南大理、湖南湘西等已经明令禁止机关事业单位、国有企业联合开发变相团购商品房的行为，也存在一定的政策风险。

（2）相对人的资信问题。通过检索相关案例，凡是联合开发团购住宅出现项目搁置风险的，都是资金实力较弱的小开发商企业，这类企业往往缺乏启动资金，将募集的购房者资金作为主要的资金来源，房地产市场的风吹草动都会对其经营状况产生巨大影响，抗风险能力较弱。因此，在企业的经营活动中，凸显对合同相对人资信状况管理的重要性。

（3）重大历史遗留问题处理，应以法律解决为主要突破口。企业一旦发生争议，久拖不决往往成为历史遗留问题，同时历史遗留问题会导致损失的无限扩大，增加了企业生产经营活动的不确定性。实践表明，任何历史遗留问题的处理，应以法律解决为突破口，通过依法合规的方式，避免损失的无限扩大和管理者的管理风险。

以诉讼为手段实现项目整体目标

——某职工团购房项目纠纷案

【摘要】 2011年，A公司与B公司进行项目合作，约定由B公司设立C项目公司，定向开发职工团购房，后因B公司擅自向金融资产公司抵押项目用地到期无法偿还，导致项目停工。A公司以承包商接盘进场、开发商清盘退出、资产公司解除抵押、项目恢复建设为目的，发起和应对多层次诉讼，最终促使各方达成一揽子协议实现案结事了，项目复工交房。

一、基本案情

A公司职工住宅建设项目是采取市场运作的方式，由开发商定向开发，并限价团购给A公司指定购房人的一个民生工程项目。该项目于2012年初正式启动，由开发商B公司设立全资项目子公司C公司作为开发主体定向实施，D公司作为总承包商承建施工。开发过程中因资金问题，B公司擅自将项目用地向E金融资产公司设置抵押贷款，后因到期无法偿还，被E公司诉至法院，项目用地被查封，股权及账户被冻结。项目自2015年6月起停工，总体仅完成实物工作量的约65%。近1400户购房职工均已交纳购房定金和部分房款，却因土地查封原因无法办理网签备案及预告登记手续。购房职工群体对此反映强烈，不断通过各种途径反映维权诉求，给A公司及当地政府形成了巨大的稳定压力。同时，A 公司及部分购房职工与 B 公司、C 公司在省高院、市中院、基层人民法院也形成一系列诉讼。一是高院立案受理的 B、C 公司诉 A 公司合同纠纷案（下简称“高院涉诉一案”）。二是市中院立案受理的 A 公司诉 B、C 公司建设工程施工合同纠纷案（下简称“中院涉诉一案”）。三是区法院立案受理的 A 公司职工诉 C 公司商品房销售合同纠纷案件（下简称“区法院涉诉一案”）。

项目停工后，A 公司积极与当地政府、E 公司沟通协调，并与开发商进行了多轮艰苦谈判，在上级专业部门的指导和批准下，A 公司通过一系列交易安排和流程设计，借助法院民事调解程序，最终实现 D 公司接盘进场、B 公司清盘退出、E 公司解除抵押、C 公司恢复项目建设的目的。各方于 2017 年 7 月签订《股权转让及债务重组协议》，项目在停工两年后于 2017 年 8 月复工，同时，按照约定，各方所有未决案件全部撤诉。目前，项目已交房，稳定风险消除。

二、处理过程

（1）高院涉诉一案。此案系 B、C 公司以 A 公司违反当初的《项目合作协议书》及其补充协议、《资金监管协议》的相关约定为由，要求 A 公司解除对项目商品房销售款账户的监管、购买项目剩余房产、车库并向其支付违约金及赔偿损失共计 6000 余万元。

（2）中院涉诉一案。此案系 A 公司根据上级专业部门确定的“多头起诉”的思路，找到的一个有具体金钱给付内容的诉讼方案，以此查封、冻结 B 公司的相关财产给其形成诉讼压力，便于与 B 公司、E 公司谈判工作的开展。A 公司以 B 公司未履行双方所签《基础配套设施改造工程委托建设合同》及其补充协议为由，要求其退还 A 公司已实际支付的委托建设费用 8000 万元及支付违约金 1000

万元。

（3）区法院涉诉多案。此案同样系根据“多头起诉”思路，由A公司组织两名职工提起的诉讼，初期原定方案为诉请解除商品房买卖合同并要求C公司退还房款，但鉴于其账面已无自有资金，为避免起诉职工在获胜诉判决后无法实际执行到房款，又丧失对其原购房屋的主张权利之情形，也为避免引发职工的群体性退房诉讼，最终起诉时为请求判令C公司依法办理商品房买卖合同网签及房屋预告登记手续。

（4）相关诉讼案件。E公司在省高院起诉B、C公司的借贷纠纷案件，虽在法律上与A公司无直接关系，但案件进展及判决结果将直接影响项目的建设进程，因此A公司期间也一直密切关注。

（5）系列案的处理总体上以商务谈判为主，配合诉讼为手段，因此围绕股权转让与债务重组的方案设计是解决争议的根本保证，关键是清盘退出及接盘续建方式。清盘退出的实质是C公司股东B公司转让C公司股权后退出项目开发，因C公司股权已被其股东质押给债权人E公司，且已被诉至省高院，因此本项目的清盘退出及接盘续建方式为：在E公司诉开发商的诉讼中，由法院下达调解书，接盘方（D公司）收购C公司股权并支付股权转让对价给E公司，E公司解除项目用地及C公司抵押权，B公司及其实际控制人退出项目开发，D公司按照与购房人的合同约定完成项目建设并交房。

三、启示体会

（1）与资产公司沟通争取一致行动。A公司与同为国有企业的资产公司E公司进行了多次协调与沟通，并最终促使E公司改变了最初的中立态度，认识到其不能足额收回贷款本金的风险后，积极运用诉讼手段对开发商施加压力，并多次召集各方就实现三方和解的条件进行磋商，为开发商最终股权转让报价的形成奠定了极为重要的基础。

（2）积极推进各项诉讼。本案的处理虽然是以商务为主诉讼为辅，但诉讼必须强力推进，才能掌握谈判主动。在系列诉讼处理过程中，一是协助配合 E 公司在省高院对开发商及其实际控制人提起的诉讼及财产保全等工作；二是 A 公司主动在市中院对开发商提起诉讼，并完成对其名下房产、公司股权的查封、冻结工作，对开发商进一步形成压力，以配合谈判工作进行；三是积极应对开发商在省高院提起的高额索赔诉讼，客观地向省高院反映案件真实情况，争取法院理解，形成客观公正的审理态势。

（3）平衡各方利益搞好统筹结合。一是法律诉讼维权与友好协商相结合，以诉讼维权为手段对 C 公司股东及实际控制人施加压力，迫使其丢掉幻想进行清盘谈判。最终以第三方独立审计报告为基础，以原协议内容为依据，以 C 公司股东对项目的实际投入为清盘价格，实现清盘退出。二是尽快实现复工续建与维护购房人合法权益相结合，按照 C 公司与购房人签订的购房合同约定的价格和户型尽快实现交房，A 公司在接盘续建工作中切实发挥协调监督职能，确保续建工作顺利实施。

约定不明确是导致合同纠纷案件发生的重要原因之一

——某分公司与律所代理费纠纷案件

【摘要】2002 年，A 油气田委托 B 律所起诉 C 公司追讨原油款。C 公司由于经营不善，其他债权人也陆续提起诉讼。A 公司取得胜诉判决后，2003 年与 B 律所签订协议书，执行阶段实行风险代理。因无财产可供执行，2004 年，执行法院裁定了债权分配规则，后经两次拍卖 C 公司资产，流拍至今。由于 A 公司和 B 律所之间就代理协议支付代理费条件发生争议，2019 年，B 公司提起诉讼，要求 A 公司给付代理费。

一、基本案情

A 公司长期向 C 化工公司销售原油，2002 年，由于 C 公司经营不善，累计拖欠 A 公司原油款数百万元，A 公司遂委托 B 律所作为代理人提起诉讼，并采取保全措施，成为首封债权人。2003 年，A 公司与 B 律所签订协议书，协议书约定："甲方（A 公司）继续委托乙方（B 律所）通过法院执行回款，甲方按回款额 10% 给乙方提取，作为乙方的风险代理费（包括甲方同意接收物价值）清回多少按比例结算多少。" 2004 年，执行法院下发民事裁定，明确了 A 公司对债务人财产享有的债权数额、其他债权人的权益数额和债务人财产分配原则。根据该裁定内容显示，债务人当时的资产评估价值3000余万元，而A公司和其他债权人的债权总额为5000余万元。2004年，执行法院曾组织两轮拍卖（按评估值下浮35%）后，无人参与债务人财产竞买，流拍至今。债务人C公司除一块划拨用地和部分地上厂房设备外，无其他资产。2016年，法院组织地上物拍卖，A公司迄今为止分得唯一一次回款10余万元。

地上物清理完毕后，债务人的唯一剩余资产便是划拨土地使用权。当地的土地主管部门根据《国家土地管理局关于人民法院裁定转移土地使用权问题对最高人民法院经（1997）18号函的复函》第四条之规定“对通过划拨方式取得的土地使用权，由于不属于当事人的自有财产，不能作为当事人财产进行裁定。”不认可本案2004年执行裁定书所裁决内容。即使同意，也应先补交土地出让金1000余万元，而目前该地块估值预计很难超过2000万元。债权人实现债权十分困难。

在此背景下，B律所起诉A公司，要求给付代理费，主要理由是其认为A公司在曾在申请执行阶段出具“A公司同意以土地抵债的情况说明”，认为根据协议书，已视为实现债权，应该给予债权数额10%的代理费。

本案一审判决A公司败诉，A公司上诉至中级法院，目前本案尚未判决。

二、法律分析

本案涉及的主要问题是合同约定不明的理解和适用问题。庭审争议的焦点问题是A公司给付代理费的条件是否成就，一审法院认为条件已经成就，并判决A公司给付代理费，A公司对此不服，主要理由是：根据协议书的内容，核心问题在于“清回多少按比例结算多少”，重在“清回”，“清回”的表现形式应为物权的变动，如动产完成交付、不动产完成过户登记，而本案并没有实现不动产的过户登记。另一个争议的问题是法院的裁定是否起到物权变动的效果。B律所认为根据《物权法》第二十八条规定因人民法院、仲裁委员会的法律文书或者人民政府的征收决定等，导致物权设立、变更、转让或者消灭的，自法律文书或者人民政府的征收决定等生效时发生效力。2004年执行法院下发民事裁定，明确了A公司对债务人财产享有的债权数额、其他债权人的权益数额和债务人财产分配原则。已经符合《物权法》第二十八条规定的条件，应属于A公司已经实现债权的法律依据。A公司认为，2004年执行法院下发的民事裁定是否起到物权变动的效果应主要看裁定书的内容，裁定书是比照了破产财产分配的规则，对债权人的财产权益进行明确，不具有物权变动的意图，也没有实现物权变动的效果。没有达到应给付律师代理费的付款条件。本案目前处于二审法院审理阶段，尚未判决。

三、启示体会

本案尚未审理完毕，无论结果如何，从A公司的角度都可以反映出管理过程中存在的风险问题。一是合同约定不明，即为后续产生纠纷案件埋下隐患。本案中的风险代理协议书，通篇只有4条，对双方的权利义务没有明确表述，没有最长有效期的约定，对达到付款条件的关键条款又产生了巨大分歧，可见合同约定不明确是产生合同类诉讼纠纷案件的重要原因之一；二是司法实践中处理划拨土地执行法院如果没有当地政府同意，执行过程中会遇到障碍。我们检索了司法实践中的案例，有的认为虽然是划拨土地，当仍属于被执行人的财产性利益，执行法院可以以适当的方式处置。有的认为对通过划拨方式取得的土地使用权，由于不属于当事人的自有财产，不能作为当事人财产进行裁定。前事不忘后事之师，我们在办理类似案件过程中涉及划拨用地的，应注意协调司法机关与土地管理部门，确定土地部门是否同意处置及处置的程序问题，防范司法裁判成为一纸空文。

职能移交现争议　依法维权不松劲

——某公司诉某油田管理中心建设工程施工合同纠纷案

【摘要】 2018年在油田“四供一业”移交过程中，涉及某油田有限公司某管理中心（以下简称某管理中心）燃气锅炉超低排放工程项目无法与供暖系统一并移交，造成该工程项目运营商某环保科技有限公司（以下简称某公司）将某管理中心诉至法院要求赔偿其经济损失。某管理中心以“情势变更”原则进行抗辩未获法院支持，最终判决某管理中心存在过错，赔偿某公司预期可得利益损失520.24万元。

一、基本案情

2015年8月，山东省环保厅等5个部门联合下发《关于加快推进燃煤机组（锅炉）超低排放的指导意见》（鲁环发〔2015〕98号），明确要求燃煤锅炉必须达到超低排放。按照上述文件要求，2016年7月，某管理中心通过招标投标程序与某公司签订《某社区3*29MW供热燃煤锅炉烟气超低排放改造工程及运营项目（BOO模式）合同书》，合同约定由某公司出资进行锅炉超低排放改造，每个供暖季某管理中心向其支付558.6万元费用，合同期10年。合同签订后，某公司顺利完成超低排放工程建设，并于2016年11月投入使用，至2018年已顺利运行两个供暖季，各项指标实现达标排放，双方对合同履行均无异议。2018 年在“四供一业”移交过程中，临邑县政府全面接收了某管理中心的供暖业务及相关设施，但对本案的锅炉超低排放项目却拒绝接收，致使该项目无法继续运行。在双方多次协商未果的情况下，某公司将某管理中心诉至德州市中级人民法院，请求法院判令解除其与某管理中心签订的《某社区 3*29MW 供热燃煤锅炉烟气超低排放改造工程及运营项目（BOO 模式）合同书》，并赔偿损失 6818.8 万元。

2019 年 5 月 4 日，德州中院首次开庭审理此案，我方工作人员和代理律师一起参加了庭审，审理过程中我方围绕“情势变更”原则进行了全面的答辩，同时向法庭提交了数份国家“四供一业”移交的政策性文件及相关会计师事务所的评估报告等，用以证明我方的主张。庭后某公司向法院提出了损失鉴定申请，2019 年 6 月法院同意铭翔公司的申请，并指定德州天衢有限责任会计师事务所对某公司的预期收益进行评估鉴定。2019 年 7 月至 9 月，德州天衢会计师事务所对某公司的前期投入情况和逾期收益进行了审计、评估报告，2019 年 10 月 1 日，德州天衢会计师事务所出具正式审计、评估报告，报告显示某公司前期投入 2115.8 万元，后八年每年逾期收益 83 万元。2019 年 11 月 8 日，德州中院做出一审判决：①解除某管理中心与某公司之间合同，②某管理中心赔偿某公司损失 520.24 万元。

二、法律分析

（1）本案是否适用“情势变更”原则，某管理中心对合同解除是否存在过错。《最高人民法院关于适用〈中华人民共和国合同法〉若干问题的解释（二）》第二十六条规定的重大变化，即“当事人在订立合同时无法预见的、非不可抗力造成的不属于商业风险的重大变化，继续履行合同对于一方当事人明显不公平或者不能实现合同目的，当事人请求人民法院变更或者解除合同的，人民法院应当根据公平原则，并结合案件的实际情况确定是否变更或者解除”。

本案中，2016年2月19日，山东省德州市临邑县环境保护局向某管理中心下发《关于燃煤机组（锅炉）超低排放改造的通知》，限某管理中心在2016年12月底前完成对已有燃煤锅炉的降低排放改造任务。2016年7月25日，某管理中心通过招标投标方式与铭翔公司签订《某社区3*29MW供热燃煤锅炉烟气超低排放改造工程及运营项目（BOO模式）合同书》（已简称锅炉烟气排放改造运营合同），约定由铭翔公司以B00（建设－拥有－运营）方式建设涉案改造项目，项目建成后向某管理中心提供降低排放达标服务，某管理中心向铭翔公司支付年558.6万元的服务费，服务期限为2016年11月1日起至2026年3月30日止，共计十个采暖期，某公司对本项目资产拥有所有权。2016年3月9日，国务院发布国发〔2016〕19号《国务院关于印发加快剥离国有企业办社会职能和解决历史遗留问题工作方案的通知》（通知中注明此件不公开），《通知》要求：国有企业职工家属区“三供一业”分离移交。时间安排为2016年开始，全面推进国有企业“三供一业”分离移交工作，2018年年底前基本完成。2016年6月11日，国务院办公厅发布《国务院办公厅转发国务院国资委、财政部关于国有企业职工家属区“三供一业”分离移交工作指导意见的通知》[以下称（2016）45号文]，要求：自2016年开始，在全国全面推进国有企业职工家属区“三供一业”分离移交工作，2018年年底前基本完成，2019年起国有企业不再以任何方式为职工家属区“三供一业”承担相关费用。

综合上述情况，某管理中心对政府行为并非不能预见。2016年

3 月 9 日，国务院发布（2016）19 号文件，该文件对国有企业职工家属区“三供一业”分离移交和剥离国有企业办医疗、教育、消防、社区管理等机构实行分离处理及各项工作的完成时间作出了规定。该文件虽然不公开发布，但国务院国有资产监督管理委员会作为国务院的直属机构，是国务院（2016）19 号文件的发文对象，而胜利石油管理局有限公司是国务院国有资产监督管理委员会逐层设立的全资子公司，因该文决定国有企业经营发展方向和剥离部分业务等重要事项，国务院国有资产监督管理委员会应当向其管理的国有企业披露和传达。胜利石油管理局有限公司及其分支机构某管理中心在 2016 年 7 月 8 日与某公司签订案涉锅炉烟气排放改造运营合同前，对于剥离国有企业办社会职能，包括“三供一业”分离移交和国有企业办医疗、教育等公共服务机构的移交均应是明知的，其应预见到在与某公司签订合同进行超低排放改造的锅炉会因政策原因变更权利主体。

因此，某管理中心在签订案涉锅炉烟气排放改造运营合同时明知政府要求剥离国有企业办社会职能，仍与某公司签约，在履行两个供暖期后，单方提前以实际行为终止了合同的履行，其提出的情势变更不能成立，其行为构成违约，应向某公司承担相应的责任。

（2）双方签订的锅炉烟气排放改造运营合同解除，对某公司造成的损失应如何认定。本案中，某公司要求某管理中心赔偿因违约造成的损失 27015095.86 元，其中前期直接投入 21158299.9 元、预期可得利益损失 5852313.96 元。

第一、关于某公司主张的前期投入损失 21158299.9 元问题。首先，某公司主张根据会计师事务所出具的审核报告计算前期投入损失。但该报告不能作为认定某公司前期投入损失的证据，理由是：法院指定会计师事务所对案涉锅炉烟气排放改造运营合同预期可得利益进行鉴定，未指定其对锅炉烟气超低排放改造工程造价进行司法鉴定，会计师事务所也向本院说明，其对案涉工程造价的鉴定是受某公司单方面委托，形式上不符合司法鉴定的要求。其次，案涉锅炉烟气排放改造运营合同采取的是BOO模式，锅炉烟气超低排放改造工程建成后，某公司对设备享有全部所有权，即使某公司主张前期投入损失，因设备有残值，且已经实际运行两个供暖期，其主张某管理中心赔偿全部先期投入损失没有法律依据，某公司可在固定资产投入、合同已经履行部分固定资产折旧及固定资产剩余价值等数据确定后另行主张相关损失。

第二、关于某管理中心主张的预期可得利益损失5852313.96元。根据《中华人民共和国合同法》第一百一十三条规定，当事人一方不履行合同义务或者履行合同义务不符合约定，给对方造成损失的，损失赔偿额应当相当于因违约所造成的损失，包括合同履行后可以获得的利益，但不得超过违反合同一方订立合同时预见到或者应当预见到的因违反合同可能造成的损失。即法律允许保护可得利益损失，但损失超过订立合同时预见或应当预见的部分除外。本案中，某管理中心并未对案涉工程投入成本，其支出是根据运行时间支付运营费用。而某公司只能通过收取运行费用收回建设成本和谋取利益。本案中某管理中心违约造成双方合同不能履行，应当支付某公司的可得利益损失。关于可得利益损失具体数额，某公司在商务投标文件中曾明确说明10年盈利743.2万元，年均74.32万元，因此，超过74.32万元的部分属于某管理中心在签订合同时不能预见的部分。关于会计师事务所出具的鉴定报告中认为每年的预期可得利益为836042.28元的问题，因会计师事务所在接受法院指定对预期收益进行鉴定的还同时，又私自接受某公司委托，对工程造价进行了审核评估，并在计算预期可得利益时使用了审核报告中工程造价的具体数额，鉴定报告存在瑕疵，不宜作为认定预期可得利益具体数额的依据。

因此，综合考虑某公司在商务投标书中自认的盈利数据、某管理中心的预见等因素，确定某公司的每个供暖季的预期可得利益为 74.32 万元，合同约定的履行期限中剩余 7 年预期可得利益合计 520.24 万元（$74.32 \times 7=520.24$），应由某管理中心赔偿。

三、启发与体会

本案的核心问题是某管理中心与某公司签订合同时是否认识到国家政策已发生改变，是否预见到这种改变可能给相关工程项目的执行带来不利的影响。由此我们应该认识到，企业在生产经营过程中做出决策时，不但要考虑项目自身的可行性，还应对政府行为和国家相关政策做出研究、评估，尽最大努力避免和减少因政策调整给项目建设和后期运行带来不利影响，防控因政策风险给企业造成损失。

生物柴油拒绝交易　历时四年终获胜诉

——云南石油反垄断纠纷案

【摘要】云南某公司是一家利用地沟油生产生物柴油的企业，以云南石油违反《可再生能源法》《反垄断法》为由，提起诉讼，要求将其生产的生物柴油纳入中国石化燃料销售体系并赔偿损失。案件围绕云南石油是否有法定义务收购云南某公司生物柴油、是否有垄断行为并应承担相应责任进行辩论。云南石油以生物柴油进入终端消费市场尚无明确配套政策、云南某公司生产的产品不符合国家标准，且在昆明市公交车辆试点过程中由于其产品原因没有全面推广为由进行充分辩论，获得重审一审、二审胜诉。

一、基本案情及处理过程

2014年1月，云南某公司将云南石油和股份公司告上法庭，认为其生产的生物柴油符合纳入销售体系的法定条件，二被告不将其纳入销售体系违反法律规定，属滥用市场支配地位并要求赔偿经济损失300万元。云南石油以云南某公司生产的生物柴油不符合国家标准且未提供对车用燃料用户、消费者可安全使用的依据；市场的相关配套政策不完善；未向云南石油提出交易请求和交易条件；在昆明市公交试点后由于产品原因未全面推广等理由进行辩论。

一审法院认为，云南省人民政府办公厅已明确下发《关于做好地沟油制生物柴油工作的指导意见》，云南石油作为油品销售企业，依法负有法定义务将对云南某公司所生产的符合国家标准的生物柴油纳入销售体系，且按照《反垄断法》推定云南石油在云南成品油销售市场具有市场支配地位，在云南某公司已经向云南石油发出交易请求后，云南石油长期不做正式回复，属于滥用市场支配地位。因此，判决云南石油将云南某公司生产的符合国家标准的生物柴油纳入其燃料销售体系，300 万元损失赔偿主张未获支持。

云南石油不服判决，向云南省高级人民法院提起上诉，二审法院发回重审。在此期间，云南石油聘请专家证人出庭作证，且经公证保全购买云南某公司生产的生物柴油送交检验中心，检验结果显示该产品存在不符合国家标准的情况。

重审一、二审法院认为：首先，虽然《可再生能源法》规定了石油销售企业应按照规定将符合国家标准的生物液体燃料纳入其销售体系，但是该项法定义务应如何履行还有待相关部门针对地沟油制生物柴油销售的配套政策方能执行。虽然云南省人民政府办公厅出台文件要求各成品油销售企业按照规定采购、混配、销售生物柴油，但该表述出现在“工作任务和目标”部分，也不是对石油成品销售企业的强制性规定，而是未来工作发展的方向，在没有相关政府配套措施下，对该法定义务不宜用强制命令的方式在不考虑任何条件的前提去完成。其次，根据云南石油在云南成品油销售市场中的份额可推定云南石油具有市场支配地位，在云南某公司没有提出具体交易条件时，不存在反垄断法中滥用市场支配地位的行为，故法院重审一审、二审均判决驳回云南某公司的诉讼请求。

二、法律分析

本案涉及三个争议焦点，一是云南石油是否负有法定义务收购云南某公司生产的地沟油制生物柴油；如有，该法定义务应当如何履行。二是云南石油是否具有垄断行为，并是否应承担相应的法律责任。三是相关政府的发函、云南某公司的律师函是否属于发起交易请求。

关于第三个争点，云南石油辩称，云南省能源局发函中国石油和中国石化云南石油，要求积极协助开展生物柴油试点销售，尽快将云南某公司生产的达标合格的生物柴油纳入其销售配送体系面向社会配送销售，该函属于政府相关部门的行政行为，不能视为云南某公司向云南石油发出的交易请求。另外，2013 年 9 月 3 日的律师函虽然可以作为云南某公司向云南石油发出的交易请求，但是律师函中并没有提出具体明确的交易条件，从合同法中该律师函只能算作要约邀请，不是要约。综上，云南石油对云南某公司发出的要约邀请未做回复并不属于《反垄断法》规定的“没有正当理由，拒绝与交易相对人进行交易”的行为。

三、启示体会

一是加强垄断纠纷法律风险防控。《反垄断法》及相关规定颁布以来，得到社会普遍关注，未来垄断纠纷将成为社会热点话题。企业务必针对新形势、新风险，结合企业实际，做好垄断纠纷法律风险防控预案和应对机制。鉴于垄断纠纷系新型、重大、复杂案件，具有典型示范性和较大影响力，在做好诉讼应对工作的同时，还应妥善处理好舆情风险。

二是合理规范使用市场支配地位。在石油系统，中国石化销售企业为做大市场，市场占有率高，大多数都具有市场支配地位，形成垄断地位格局。市场不反对企业具有支配地位，但是反对滥用市场支配地位，且随着国家日益重视反垄断行为，对滥用市场支配地位的行为监管力度加大，必须进一步规范经营行为。

三是对相关行业法律法规务必加以重视。此案云南石油胜诉的关键在于诉争期间政府没有相应的配套措施加以支撑。随着新能源的发展、国家对环保问题愈加重视，今后国家有关新能源发展的相关配套措施将陆续完善，这要求企业不仅要积极关注相关行业法律法规的动态，而且要积极参与到行业立法研究中，和政府部门积极沟通，化被动为主动，阐明我方观点，力争掌握最大主动权。

石化项目征地拆迁群体纠纷程序穷尽积极应对全面获胜

——GZ 石化大田征地拆迁系列民事和行政诉讼纠纷案

【摘要】GZ 石化在办理大田村迁建工作中，虽然按“先补偿、后用地”原则优先解决各项补偿和异地迁建工作，但仍然有 16 户村民对安置方案有异议引发群体纠纷，事件引发民事诉讼 27 宗，行政诉讼 6 宗，穷尽一审、二审、再审、申请检察院抗诉法律程序，历时三年七个月，部分行政诉讼案甚至由最高人民法院直接审理并裁定。该系列案该以 GZ 石化民事案件全部胜诉结案，行政案件也以全部驳回村民诉求或驳回起诉而终结。使 GZ 石化能以合同有效并将 1.5 亿元造价建成的 232 套安置房得以推进分配，维护了公司利益和社会稳定。

一、案情概要

GZ 石化千万吨炼油改扩建项目用地涉及广州市黄埔区姬堂社区大田村 104 户农户搬迁，2009 年起，GZ 在办理大田村迁建工作中，虽然按“先补偿、后用地”原则优先解决各项补偿和异地迁建工作，但仍然因部分村民（16 户）对安置方案和合同效力及履行问题引发群体纠纷，村民多次闹访。

2014 年 3 月起，罗耀权等村民以个人和集体提起多宗民事诉讼和行政诉讼。民事诉讼方面，张美霞、罗镇权 2 户起诉安置面积不符，罗耀权等 16 户共 45 名村民发动了 20 宗个人安置补偿合同无效民事诉讼、5 户村民发动 5 宗集体合同无效的民事诉讼，这 27 宗民事诉讼皆以当事人撤诉、和解和广州市中级法院终审结案等方式终审，这些案件中，除了罗镇权案件确实是因 GZ 石化补偿计算有误调解结案，其他案件 GZ 石化全部胜诉。使 GZ 石化能以合同有效并将 1.5 亿元造价建成的 232 套安置房得以推进分配，维护了公司利益和社会稳定。

罗耀权等多位村民就 23 宗案件继续向广东省高级人民法院申请再审，申请再审于 2016 年 12 月 30 日被驳回后，村民继续向广州市人民检察院申请抗诉，2017 年 11 月 3 日，广州市人民检察院驳回村民申请，民事诉讼至此穷尽全部法律程序，历时三年七个月，案件审理法律程序终结。2018 年 2 月，GZ 石化在当地政府和村经济联合社的配合下，进行第三次分房，最后的 39 套房产才履行完毕分配手续。

行政诉讼方面，在进行民事诉讼的同时，罗耀权等 5 位村民执着缠讼，自 2014 年 4 月起发动了多宗行政诉讼，这些行政诉讼经过广州黄埔法院、广州铁路运输法院、广州越秀法院、广州市中级法院和广东省高级法院、最高人民法院审理。有诉广州黄埔城管行政不作为案、诉广州黄埔区国土房产局行政处罚太轻案、诉广州规划局规划违法案、诉广州规划局违法验收大田花园案、诉广州市人民政府大田花园项目批复违法案、诉广东省国土厅用地批复文件违法案等，其中，诉广州市政府大田花园建设批复案甚至申诉至最高法院处理，最终被驳回。5 位村民的行政诉讼全部败诉，至 2017 年 12 月底，列 GZ 石化为第三人的行政案件全部终结。

以上案件属涉农、涉拆迁、人数众多、定性复杂，被当地法院列为敏感案件，广州市法院、广东省高级法院皆以“审判委员会”讨论决定并判决案件。案件处理难度大，时间跨度长，民事和行政诉讼以及行政复议混杂其中，维稳工作上也花费了法律人员大量精力，案件甚至打到最高人民法院。

二、处理过程

GZ 石化在处理该群体案件中，充分重视证据收集，争取地方政府有关部门支持，及时化解不稳定因素，瓦解部分村民，减少对抗力量。GZ 石化以企业公司律师为准，社会律师协助参与，信访维稳办全程跟进，土地房产业务部门证据支持，公司高层成立专门小组方式，多管齐下系统推进，使 27 宗民事诉讼皆以当事人撤诉、和解和广州市中级法院终审结案等方式终审，除了罗镇权案件确实是因 GZ 石化补偿计算有误调解结案，其他案件 GZ 石化全部胜诉；村民罗耀权等多位村民就 23 宗案件向广东省高级人民法院申请再审，全部被驳回。向广州市人民检察院申请抗诉，广州市人民检察院也全部驳回村民申请。行政诉讼的 6 宗案件中，GZ 石化多次专门书面向政府汇报，争取支持，最终罗耀权等村民全部败诉，使可能影响民事合同效力的因素得以消除。

三、法律分析

征地是行政行为，但法律法规并无禁止实际用地人与集体土地相关权益人签订补充合同。大田征地拆迁系列案核心关键案件是集体合同纠纷案，即姬堂经联社与 GZ 石化签订的《广州市黄埔区姬堂社区大田村宅基地房屋拆迁补偿安置协议》合同有效性纠纷。对该案合同的如何定性引发出一系列的行政诉讼以及决定了据此合同而签订的《姬堂社区大田村个人房屋拆迁安置补偿协议》（共 20 宗）是否有效，环环相扣。

对于本案合同有效性的争议焦点有两点：①合同签订主体是否适格；②拆迁安置补偿协议未办理批准手续是无效合同还是未生效合同。

（一）姬堂经联社与 GZ 石化是适格的签约主体，合同自双方当事人签字或盖章时成立

《中华人民共和国合同法》第九条“当事人订立合同，应当具有相应的民事权利能力和民事行为能力”，第三十二条“当事人采用合同书形式订立合同的，自双方当事人签字或者盖章时合同成立”。

《广州市征收集体土地房屋拆迁管理工作指导意见》（广州市国土资源和房屋管理局穗国房字〔2010〕351 号文）：拆迁人是指依法取得征收集体所有土地有关批准文件的用地单位；市、区人民政府发布建设通告或征地与公告后，拆迁人可与被拆迁人协商有关征地拆迁补偿安置事项；拆迁人应当根据《广州市集体土地房屋拆迁补偿标准规定》和协商情况，拟定征收土地范围内房屋拆迁补偿安置方案。征地补偿安置方案经批准并公告后，由拆迁人具体实施。在征地补偿安置方案规定的拆迁期限内，拆迁人与被拆迁人应当按照本意见规定及经批准的征地补偿安置方案，就补偿、安置等事项签订房屋拆迁补偿安置协议。姬堂经联社是集体经济组织，为纠纷所涉被征土地的所有权人，是被拆迁人。GZ 石化作为其炼油改扩建工程项目用地单位即拆迁人。根据上述规定，GZ 石化与姬堂经联社是具有完全民事权利能力和民事行为能力的主体，是征地的拆迁人与被拆迁人，是签订《广州市黄埔区姬堂社区大田村宅基地房屋拆迁补偿安置协议》的适格主体，合同自双方当事人签字或盖章时成立。

（二）《广州市黄埔区姬堂社区大田村宅基地房屋拆迁补偿安置协议》是有效合同

GZ 石化就千万吨炼油改扩建项目先后取得穗规证〔2005〕185 号、《建设用地许规划可证》等，有地方政府的《征收土地预公告》，

因生产急需，在等待《征收土地方案》《征地补偿安置方案》批准公告期间，与姬堂经联社根据广州市拆迁补偿规定签订《广州市黄埔区姬堂社区大田村宅基地房屋拆迁补偿安置协议》。在二审之前，办理了全部审批手续。

《中华人民共和国合同法》第四十四条规定了“依法成立的合同，自成立时生效。法律、行政法规规定应当办理批准、登记等手续生效的，依照其规定”，《最高人民法院关于适用（中华人民共和国合同法）若干问题的解释一》第九条规定了“法律、行政法规规定合同应当办理批准手续，或者办理批准、登记等手续才生效，在一审法庭辩论终结前当事人仍未办理批准手续的，或者仍未办理批准、登记等手续的，人民法院应当认定该合同未生效；法律、行政法规规定合同应当办理登记手续，但未规定登记后生效的，当事人未办理登记手续不影响合同的效力，合同标的所有权及其他物权不能转移。”由于本协议的需办理批准手续在二审前已全部办理完毕，因此协议依法因认定为有效。

四、启示体会

（1）石油化工项目建设工程必须依法办理，特别是土地的政府规划与用地许可手续；

（2）对土地的补偿必须足额到位，确保征地补偿合同履行中无违约情形；

（3）安置房屋属于民生工程，必须保证质量，有条件的建议让被征地村民提前参与前期工作；

（4）征地拆迁补偿合同必须采用书面形式并严格条款约定；

（5）群体案件事关社会安定，必须重视地方党政机关的协调。

勇于主动出击积极维权
成功避免缴纳巨额土地租金

——某石油公司行政复议案获胜

【摘要】2019年5月，某市规划和自然资源局向某石油公司发出通知，追缴石油公司两座加油站高达一亿多的土地租金，石油公司勇于主动出击、提起行政复议，积极应对、强力维权，经过曲折艰辛的协商谈判、行政复议，成功迫使某市规划局撤销追缴租金要求，最大限度地捍卫了公司权益。

一、基本案情

因加油站证载使用期限届满，面临被追缴巨额租金风险。2019年5月，某市规划和自然资源局发出《某管理局关于追缴A加油站（B124-**）和B加油站（B214-***）租金的通知》，内容称：因A加油站、B加油站土地使用年限分别于2001年3月9日、2004年1月27日届满，要求某石油公司缴纳两座加油站证载土地使用期限到期后、截至2019年5月31日期间的用地租金，共计人民币101734590元。

2019年7月，某石油公司提起行政复议，某市规划和自然资源局受理复议申请；在积极复议的同时，某石油公司多方寻找资料和相关政策依据，同时保持与相关政府部门沟通协调。

2019年8月，通过从上至下全方位努力，某市规划局迫于历史遗留问题的复杂性及可能引发系列行政诉讼的压力，最终做出了《关于撤销某通知的函》，据此，石油公司无须缴纳上述土地租金101734590元。

二、法律分析

（一）案涉土地属于国土资源部授权经营用地，土地使用年限为2000年4月18日至2040年4月17日止。政府部门认定加油站土地使用年限分别于2001年3月9日、2004年1月27日届满属于认定事实错误，据此要求石油公司缴纳租金属于错误适用文件。

（1）依据中华人民共和国国土资源部于2000年4月18日做出的《关于中国石油化工集团公司股份制改造土地估价结果确认和土地使用权处置的复函》（国土资函〔2000〕261号），案涉加油站的国有土地使用权，国土资源部已授权中国石油化工集团公司经营使用该宗地国有划拨土地使用权，并转增国家资本金，石油公司作为中国石油化工集团公司的下级公司，有权使用案涉土地。

（2）依据国土资函〔2000〕261号文件，某省国土资源厅于2001年6月29日作出《关于做好中国石油化工集团公司股份制改造中土地变更登记工作的通知》（粤国土资（地籍）字〔2001〕156号），第三条明确了“授权经营土地使用权的变更登记，土地使用权类型由划拨变更为授权经营，授权经营的土地使用期限：工业用地50年，商业用地40年，自国土资源部批准之日（2000年4月18日）起计算”。

（二）政府部门做出的具体行政行为，属于错误适用法律、法规、部门规章。

（1）依据中华人民共和国国土资源部于2001年10月22日颁布

的《划拨用地目录》(中华人民共和国国土资源部令第9号),其中第三大点明确规定,"三、对国家重点扶持的能源、交通、水利等基础设施用地项目,可以以划拨方式提供土地使用权""国家重点扶持的能源、交通、水利等基础设施用地,(十一)石油天然气设施用地:6.油(气)田物资仓库(站)、露天货场、废旧料场、成品油(气)库(站)、液化气站",因此,案涉土地曾经作为划拨用地,是有明确的法律依据,石油公司的加油站土地属于国家重点扶持的能源基础设施用地,石油公司有权使用案涉土地。

(2)依据《国有企业改革中划拨土地使用权管理暂行规定》,该规定第三条第一款规定:"国有企业使用的划拨土地使用权,应当依法逐步实行有偿使用制度",第四条第一款:"国家根据需要,可以一定年期的国有土地使用权作价后授权给经国务院批准设立的国家控股公司、作为国家授权投资机构的国有独资公司和集团公司经营管理。国有土地使用权授权经营,由国家土地管理局审批,并发给国有土地使用权经营管理授权书。被授权的国家控股公司、作为国家授权投资机构的国有独资公司和集团公司凭授权书,可以向其直属企业、控股企业、参股企业以作价出资(入股)或租赁等方式配置土地,企业应持土地使用权经营管理授权书和有关文件,按规定办理变更土地登记手续"。

因此,基于国土资源部、某省国土资源厅的上述文件,案涉土地已由划拨用地转为授权申请人经营使用,土地使用年限为2000年4月18日至2040年4月17日止,并已经按规定转增国家资本金,也按规定办理了变更登记手续。涉案土地使用权亦相应转增为国家资本金,由国家享有收益,并不是无偿使用,在土地使用年限未到期之前,政府部门要求石油公司缴纳用地租金,属于错误适用该部门规章。

同时，石油公司A加油站房地产证记载“使用权来源：行政划拨（自建）”“使用年限：20年从1981年3月10日至2001年3月9日”，B加油站房地产证记载“使用权来源：单位自建房”“使用年限：20年从1984年1月28日至2004年1月27日止”，也违背了《中华人民共和国城市房地产管理法》第二十三条的规定，即“土地使用权划拨，是指县级以上人民政府依法批准，在土地使用者缴纳补偿、安置等费用后将该幅土地交付其使用，或者将土地使用权无偿交付给土地使用者使用的行为。依照本法规定以划拨方式取得土地使用权的，除法律、行政法规另有规定外，没有使用期限的限制”。该房地产证一开始就登记错误，本身应当更正登记。

三、启示体会

1. 基于土地政策及历史背景，与政府部门保持沟通

在收到追缴土地租金的通知后，石油公司向政府提交详实的资料、质疑某市未按国土资源部及某省国土资源厅的文件执行土地政策。阐明在中国石化2000年上市时，国家批准石油公司A加油站、B加油站等12宗行政划拨用地完成行政划拨用地转授权经营的工作。但因早期行政划拨用地有年限规定，与授权经营重新确定的土地期限存在矛盾，20年来石油公司多次申请完善授权经营用地手续均未获批准，某市国土部门始终坚持“已办理房地产权登记的，其土地使用权期限按房地产证登记不变”。石油公司始终通过积极与各级国土主管部门的沟通，加深与主管人员的协调争取取得共识。

2. 积极跟进并未雨绸缪，行政复议一搏获成果

石油公司利用多年积累的信息资源分析短板和优势，积极应对，主动出击。一是申请省公司、销售公司、集团公司收集补充相关历史档案资料；二是聘请律师事务所对政府行为的性质和效力进行多

方法律分析，论证可行的应对方案；三是未雨绸缪，提前为行政复议乃至行政诉讼做好充分准备。为确保程序完整，石油公司再次提出按授权经营用地变更用地期限为 40 年，然而该申请被驳回。随后，石油公司立即向某市规划局提起行政复议。在与国土各级主管部门进行有建设意义的信息沟通的同时，用好律师团队有理有据地进行专业维权，通过全方位努力，成功迫使政府部门撤回追缴巨额土地租金的通知，避免缴纳高额费用，最大限度地捍卫了权益，更为后续继续申请两座加油站的授权经营用地工作打下了基础。

主动出击维利益　国有资产得保护

——G石油公司国有资产纠纷案

【摘要】 2012年6月，G石油公司以Z县石油公司原经理、Z县石油综合服务部法定代表人张某涉嫌非法转移和侵占国有资产为由，向检察机关报案，并启动国有资产维权。本案处理长达6年，工作组克服重重困难收集证据，历经多次诉讼，最终赢得全胜，避免损失3001万元，挽回损失1900万元。2018年5月，省高院终审裁定，驳回Z县石油综合服务部（新服务部）的上诉；2018年9月，法院判决撤销Z国土局做出的《关于要求变更加油站名称的批复》。目前，G石油公司正协调Z县国土管理机关，恢复办理D加油站国有土地使用证。

一、基本案情及处理情况

2012年6月，G石油公司下属L石油分公司上报提出拟以1900万元的价格，向Z县石油综合服务部（以下简称新服务部）收购其D加油站（以下简称D加油站）。法律部门在会同监察部门审核中发现D加油站产权存疑，即报告公司主要领导，公司主要领导批示由法律部门会同监察部门组成工作组进行调查。经调查，发现D加油站土地并不属于新服务部，而是原Z县石油公司（以下简称Z公司）于1993年9月与Z县武装部、Z县委办和Z县建行签订转让协议收购而来，土地系Z县国土局划拨到Z公司名下的国有资产，当时Z公司为了给职工谋福利，将这一加油站放在其预算外企业——Z县石油综合服务部经营（以下简称原服务部）。时任县公司经理张某，趁1998公司上划期间，领导人员频繁调整之机，刻意隐瞒D加油站资产。2001年12月，时任Z公司经理张某等人通过非法手段，骗取Z县国土局作出《关于要求变更加油站名称的批复》，非法将D加油站《国有土地使用证》土地使用者（权利人）由“Z县石油公司（D加油站）”变更为“Z县石油综合服务部（新服务部）”。2009年11月20日，张某操纵他人非法注销原Z公司国有出资开办的属预算外企业原服务部，又于同年11月23日注册了同名的、属普通合伙性质的“Z县石油综合服务部（新服务部）”，使原本属Z公司的国有资产变成张某等人私有。

为保护国有资产不被非法侵占，G石油公司于2012年6月14日以Z公司原经理、新服务部法定代表人张某涉嫌非法转移和侵占国有资产为由，向Z县人民检察院报案，随着调查的深入，县国土部门3名经办人员被依法查办，两人获刑一人罪成免刑。但张某等人因犯罪证据不足未被提起公诉。

2014年5月16日，G石油公司函请Z县国土局恢复Z县石油公司（D加油站）土地使用证权属人，同年6月26日，Z县国土局撤销非法变更的土地证，恢复G石油公司原土地证。2015年6月6日，新服务部不服县政府撤销其非法变更来的土地证，提起行政诉讼，请求撤销国土局恢复的D加油站国有土地使用证。市中级法院一审驳回其诉讼请求，但高院二审以程序不合法为由，终审判决撤销已恢复的D加油站国有土地使用证。而后2017年1月18日新服务部又向法院提起民事诉讼，请求确认D加油站资产属其所有，并要求G石油公司赔偿其损失3001万元。

2017 年 3 月 10 日，G 石油资产分公司向 Z 县法院提起行政诉讼，请求撤销 Z 县国土资源局《关于要求变更加油站名称的批复》。

2017 年 10 月 26 日，市中级法院以 D 加油站由 Z 县石油公司受让而来，张某等人非法注册的新服务部与原服务部为不同法律主体，原告不具备提起本案诉讼主体资格为由，驳回其起诉；2018 年 5 月 7 日省高院作出终审裁定，驳回其上诉。

2018 年 9 月 7 日，Z 县法院作出一审判决，撤销 Z 县国土局《关于要求变更加油站名称的批复》，Z 县国土局未提起上诉，判决生效。根据以上司法判决、裁定结果，G 石油公司正协调 Z 县国土管理机关，恢复办理 D 加油站国有土地使用证。

二、法律分析

本案的主要争议焦点是 D 加油站产权的归属问题。诉讼时 D 加油站土地使用权人为新服务部，但经办案人员锲而不舍地在遭受故意破坏、遍地老鼠蟑螂粪便的县公司档案室的垃圾山中，艰难查找，最终找到了 Z 县公司当初收购 D 加油站的协议、付款凭证、政府划拨土地批文、原始土地登记材料和被涂改前的加油站转让发票等证明该站确属原 Z 县石油公司的重大证据，这些重大证据的艰难获取是本案取胜的关键所在。

本案的另一焦点是诉讼主体资格问题。在调查和诉讼中，发现 Z 县国土局曾作出《关于要求变更加油站名称的批复》将 D 加油站土地使用权人由原 Z 县石油公司变更至新服务部，并将土地证权利人由原 Z 县石油公司变更为新服务部。调查发现原国有出资开办的原服务部已于 2009 年被张某操纵他人非法注销，现有的“Z 县石油综合服务部（新服务部）”为张某等人新注册的合伙性质企业，与原服务部并非同一法律主体，因此诉讼中张某等人新注册的服务部与 D 加油站土地无任何法律上的关系，原服务部被注销后，其债权债务应由其原开办单位继承，新服务部不具备诉讼主体资格。

三、启示体会

本案是一起由企业高管人员欺骗国家行政机关、侵占国有资产引起的纠纷案件。本案处理过程中有以下几点值得注意：

（1）严格国有资产的产权管理，有效防止国有资产的流失。特别是在公司变更、机构调整、人员变动之后的关键时期，更要做好国有资产管理工作的交接，及时对国有资产进行盘点、核实，防范国有资产被非法侵占的不法行为发生。

（2）选人用人中要切实关注考察拟任用对象的法治素养及职业道德。要加强企业的政治思想和法治建设，切实提高企业领导人员及管理层人员的法治素养和道德水平，充分发挥违法违纪案例的反面教材警示作用，警钟长鸣，使有法必依、违法必究的观念深入人心。

（3）加强相关职能部门的履职监督，履职尽责、失职追责。日常工作中要树立证据意识，重要的文件资料要整理完善存档，做到流转有序；要增强工作责任心，提高对国有资产的管理水平，对于玩忽职守，造成国有资产流失的，应按相关规定严厉追责问责。

（4）做好资产收购的尽职调查，避免产生相关法律风险。尽职调查，即是在收购过程中收购者对目标公司的资产和负债情况、经营和财务情况、法律关系以及目标企业所面临的机会与潜在的风险进行的一系列调查，是收购运作过程中重要的风险防范工具。企业在收购过程中，做好法律尽职调查，理清收购资产的各项情况，能有效防范因买卖双方在信息获知上的不平衡带来的法律风险，确保收购工作的顺利进行。

咬定青山不放松近30年债权本息执行到位

——长岭分公司借款合同纠纷执行案

【摘要】1992年，在海南房地产热时期，原巴陵石化长岭炼油化工总厂及下属企业拆借1000万元资金给海南深发房地产开发公司用于房地产开发，因房地产泡沫破裂，700万元本金未归还。1998年和1999年，相关债权经人民法院生效裁判文书确定。虽多次执行，均因未找到有效财产线索而被迫中止，相关债权不得不根据财务管理制度做销账处理。根据账销案存资产管理相关规定，长岭常年跟踪该笔债权，后发现被执行人对第三人存在到期债权，遂申请法院恢复执行。后历经8年努力，终于执行到2390万元，至此近30年债权本息全部执行到位。

一、基本案情

1992年9月28日，原巴陵石化长岭炼油化工总厂（下称长岭）与海南深发房地产开发公司（下称深发公司）签订了一份《合作投资协议》，约定在海口市合作开发房地产。根据协议，长岭于当年11月向深发公司电汇500万元。因深发公司没有履行合同义务，长岭于1999年诉至法院，法院以名为投资实为借贷为由判决深发公司偿还款项。

1992年12月24日，长岭下属岳阳长炼兴长企业集团公司（下称兴长集团）与海南深发房地产开发公司签订了一份借款合同，向深发公司出借人民币 500 万元。后经催要，深发公司还款 300 万元，余款 200 万元一直未付。兴长集团于 1998 年 11 月诉至法院，法院判决深发公司偿付兴长集团借款本金 200 万元及银行同期贷款利息。

上述案件判决生效后进入执行程序。执行过程中，长岭于 2000 年 2 月申请追加深圳国泰联合广场为被执行人，因无法执行到有效财产，法院于 2002 年 12 月裁定终结执行。其间，兴长集团的该笔债权转由长岭享有，后债权做财务核销处理。2011 年 10 月，长岭以深发公司在外有未偿到期债权为由，申请恢复执行并申请追加海南凯鹏房地产开发有限公司（下称凯鹏公司）为执行第三人，并申请对凯鹏公司名下土地采取执行保全措施。经过近 8 年时间、二十余次各级法院的异议、复议等法律程序，终于让海口市国土局接受了协助执行义务，于 2019 年 4 月将征收凯鹏公司土地补偿款协助执行到位。

二、法律分析

长岭在审判阶段取得胜诉，案件的难点在执行到位。由于被执行人处于歇业状态，无财产可供执行，债权一直未能实现。本案的重点是搜集被执行人的财产状况，并快速有效地通过法律手段确保执行到位。

最高人民法院《关于适用执行〈中华人民共和国民事诉讼法〉若干问题的意见》第 300 条规定："被执行人不能清偿到期债务，但对第三人享有到期债权的，人民法院可依申请执行人的申请，通知该第三人向申请执行人履行债务，该第三人对债务没有异议但又不在通知指定的期限内履行的，人民法院可以强制执行。"

长岭通过多方途径了解到，最高人民法院（1998）民终字第105号民事判决书确认深发公司对凯鹏公司享有到期债权，凯鹏公司未履行到期债权且其名下有财产可供执行，即符合上述法律规定情形。经申请法院查封不动产，通过代位执行最终取得相应执行款。

三、启示体会

1. 追索财产线索，不放弃账销案存权益

按照国资监管的规定，履行账销案存管理责任。持续保持对被执行人资产情况的跟踪。通过各种渠道了解被执行人财产状况，掌握到被执行人的到期债权后，利用法定程序执行到位，依法维护企业利益。

2. 攻坚克难，保证执行到位

从发现财产线索到执行到位历经8年，期间遇到大量阻力，历经执行异议、复议等程序20余次。面对困难和压力，长岭不气馁、不放弃，全方位使用法律武器、全力争取法定权利，最终取得圆满的结果。